# schöner kochen

DIE KUNST DER PERFEKTEN ZUBEREITUNG

Rezepte und Tipps für die kalte Küche

# Vorwort

Ein Hochglanzfoto, das Appetit macht: Auf einem Schachbrettmuster aus Puderzucker und Kakaopulver thront eine ebenso gemusterte saftige Birne. Davor eine mit Vanilleeis gefüllte Hippe, auf der sich wie zufällig ein Minzblättchen rekelt – ein verführerisches Dessert, das einem allein beim Betrachten das Wasser im Mund zusammenlaufen lässt. Doch so mancher Hobbykoch wundert sich, dass das, was er zu Hause nachkocht, nicht so ganz dem Bild entspricht, was ihn auf dem Foto anlacht. Glauben Sie mir: Nicht nur Profiköche, auch Sie können kulinarische Meisterwerke mit großer Wirkung für Auge und Zunge zaubern!

Aber wie gelingt ein perfektes Salat-Bouquet? Wie eine zweifarbige kalte Suppenkreation im Glas? Was ist die Gelinggarantie für ein locker-fluffiges Soufflé? Und womit machen Sie Häppchen zum Hingucker?

In „schöner kochen" beantworte ich Ihnen all diese Fragen und mache dabei dort weiter, wo andere aufhören: bei der kunstvollen Inszenierung. Ich serviere Ihnen raffinierte Ideen für Amuse-Gueules, die Ihr perfektes Dinner zu einem rundum vollkommenen Genuss machen, der alle Geschmacksnerven zum Vibrieren bringt: ob drapiert, gestapelt oder dekoriert – ich präsentiere Ihnen fantasievolle Rezepte und Profitipps, mit denen Salate sicher schnell zu Stars Ihres Kochrepertoires aufsteigen. Ich überzeuge Sie davon, dass es gar nicht so schwer ist, Terrinen und Gelees für Ihre Lieben auf den Tisch zu zaubern, und nehme Sie auf eine kleine Reise durch die vielseitige Fingerfood-Küche aller Herren Länder mit. Sie erfahren, wie Sie Ihren Desserts im wahrsten Sinne des Wortes das Sahnehäubchen aufsetzen, und in einem eigenen Kapitel habe ich Deko-Ideen zusammengestellt, mit denen Sie immer für besondere „Wow-Effekte" sorgen.

Schritt für Schritt erkläre ich Ihnen, wie aus einfachen, alltagstauglichen, aber interessanten Gerichten glamouröse Kreationen entstehen – alles garniert mit Tricks, Tipps und Kniffen, wie die Zubereitung und das entscheidende Finish auf dem Teller garantiert gelingen. Und so ganz im Geheimen plaudere ich ein wenig aus der Trickkiste eines Foodstylisten.

Lassen Sie sich von meinen Ideen und Lieblingsgerichten inspirieren. In diesem Sinne: An die Töpfe, fertig, los! Ich wünsche Ihnen gutes Gelingen,

Ihr Rafael Pranschke

# Inhalt

# Aus dem Alltag eines Foodstylisten

# Aus dem Alltag eines Foodstylisten

„Und – was machen Sie so beruflich?" – „Foodstyling." Nicht selten bricht mein Gesprächspartner dann in leichtes Gelächter aus oder schmunzelt zumindest etwas, kombiniert mit der Feststellung: „Sie stylen also Füße?" Nach einer kurzen Erklärung, womit ich mich tatsächlich den ganzen Tag beschäftige – nämlich mit Lebensmitteln und ihrer kunstvollen Inszenierung –, ist das Interesse dann groß. Aber was macht denn nun ein Foodstylist? Für Sie plaudere ich gern ein bisschen aus dem sonst fest verschlossenen Nähkästchen …

Wenn Lebensmittel und Gerichte für Werbung, Kochbücher oder Fachzeitschriften fotografiert werden, helfen Foodstylisten bei der optischen Präsentation der Genüsse. Sie rücken beispielsweise Gemüse und Salate, Fingerfood und Desserts ins rechte Licht. Einen festen Ausbildungsweg gibt es (bisher) nicht. Hilfreich sind jedoch eine klassische Kochausbildung und eine Affinität zu Ernährungsthemen – und jede Menge Kreativität, ein Gefühl für Farben, Formen und Proportionen – kombiniert mit einem feinen Gespür sowohl für Optik und Haptik der Lebensmittel als auch für die fotografische Umsetzung. Denn die mit viel Vorbereitung und Akribie ästhetisch angerichteten Lebensmittel sollen Frische und guten Geschmack suggerieren – was in den meisten Fällen ein sehr zeitintensives Unterfangen ist, dem die verwendeten Zutaten jedoch nicht standhalten. Was also tun, damit der Salat nicht schlapp die Blätter hängen lässt oder das Eis schon geschmolzen ist, bevor der Fotograf überhaupt seine Kamera gezückt hat?

Fahre ich zu einem Foodshooting, kommt das meistens einem kleinen Umzug gleich: In meinem Arbeitskoffer – eigentlich eher ein Werkzeug- und Chemiebaukasten – befinden sich Messer, Pinzetten, Pipetten, Pinsel, Wattestäbchen und Lebensmittelfarben. Auch ein Airbrush, ein Heißluftföhn und ein Bunsenbrenner gehören zu meiner Standardausrüstung. Hinzu kommen unterschiedliche Chemikalien, wie beispielsweise Glyzerin, eine süßlich schmeckende Flüssigkeit, die oft eingesetzt wird, um auf Gläsern und Flaschen einen perlenden Taueffekt zu erzielen.

Der Foodstylist bedient sich aber auch einfacherer Methoden: So wird bei Suppen und anderen Flüssigkeiten der Teller oder die Tasse erst mit Kartoffelpüree ausgelegt und dann mit der Suppe aufgefüllt. Diesen Trick verwenden wir, wenn Zutaten für das Foto nicht in der Flüssigkeit versinken sollen. Und um im Fotostudio nicht für jedes Grillgericht einen ganzen Grill zu befeuern, werden die Grillstreifen etwas unkonventioneller auf das Steak gezaubert: Ein Metallspieß wird mit einem Bunsenbrenner zum Glühen gebracht, womit – wie in bester Tradition von Wildwest-Cowboys – dem Fleisch ein Grillstreifen-Brandmal auf die Oberfläche gesetzt wird.

„Aha! Glyzerin am Glas, Kartoffelpüree unter der Suppe und gebrandetes Steak – hab ich's doch geahnt: Sieht immer alles super aus, ist aber ungenießbar", höre ich Sie jetzt förmlich sagen. Aber genau dieses Vorurteil möchte ich auflösen. Ohne ein paar Tricks geht es nicht und zum Teil wird auch kräftig digital bearbeitet, das gebe ich gern zu. Aber eine natürliche Ästhetik erreicht man auch beim Foodstyling nur mit frischen Lebensmitteln von höchster Qualität – das ist wie in der Spitzengastronomie: Das Grundprodukt muss einfach klasse sein und bei der Zubereitung kommt es ganz auf den Ideenreichtum des Kochs an.

Im Gegensatz zum Gastronomen, der seine Speisekarte saisonal ausrichtet, habe ich jedoch immer das Problem, dass bestimmte Waren antizyklisch vor der Saison fotografiert werden. Sicher, mittlerweile können wir selbst im Winter Erdbeeren und Kirschen kaufen, trotzdem gibt es immer einige Wochen im Jahr, in denen manche Produkte absolut nicht zu erhalten sind. Genau dann muss ich auf meine Tricks zurückgreifen. So verpasse ich einer Birne schon mal mit dem Airbrush ein rotes Bäckchen, glänze eine Olive mit Öl ab oder verwende speziell angefertigte Dummys von Kirschen, Aprikosen oder Pflaumen.

Eingefärbt wird für Fotos einiges. Das hat meist weniger mit dem Produkt an sich zu tun, sondern eher mit den Studioleuchten und den physikalischen Gesetzen der Fotografie: Für ein scharfes Foto wird sehr viel Licht gebraucht, die Blitzleuchten haben eine Stärke von bis zu 5 000 Watt pro Blitzkopf. Bei dieser Lichtmenge wird so manche Nudel blass – und deshalb wird Pasta etwas gelblicher gefärbt.

Doch auch hier greift meine Grundregel: Je besser die Produkte, desto weniger muss getrickst werden. Besonders Fisch und Fleisch müssen von hervorragender Qualität sein – beim Kochen im Allgemeinen und im Besonderen, um ein optimales Foto zu bekommen. Da helfen auch keine Tricks. Mein größtes Augenmerk liegt deshalb jeden Morgen beim Einkauf: Die bestellte Ware wird sorgfältig von mir ausgesucht und handverlesen. Im Laufe der Jahre hat sich der Händler meines Vertrauens schon daran gewöhnt, dass ich mir den Käse von allen Seiten zeigen lasse und um ein neues Stück bitte, wenn die Rinde an einer Stelle abgeratscht ist.

Doch bei aller Routine und allem Wissen, das ich mir angeeignet habe: Bis heute gibt es Momente, in denen selbst ich noch überrascht bin. Ich erinnere mich an ein Fotoshooting für einen TV-Sender, bei dem zwei Schwertfische mit langen Säbeln fotografiert werden sollten. Normalerweise hole ich die Ware mit meinem Pkw ab und bei der Bestellung sprach mein Fischhändler von kleinen Schwertfischen mit einer Länge von 80 bis 130 Zentimetern. Nach langem Überlegen entschloss ich mich aber, die Ware liefern zu lassen. Am Shooting-Tag traute ich meinen Augen nicht, denn der Fischlieferant stand mit einem Palettenhubwagen vor mir – und schön auf Eis gelagert, sah ich zwei Schwertfische mit einer Länge von je fast drei Metern und einem Einzelgewicht von ca. 400 Kilogramm. Die Tiere waren so groß, dass wir sie zu dritt nicht anheben konnten. Sie können mir glauben, dem Fotografen und mir standen sofort Schweißperlen auf der Stirn. Ein weiteres Problem bereitete uns die Technik, denn kaum ein Objektiv reichte aus, um einen Fisch dieser Größenordnung im Ganzen zu fotografieren. Schließlich klappte es doch und auf einer Leiter stehend, in einer schwindelerregenden Höhe von vier Metern, entstand das Foto der beiden Schwertfische. Am Ende des Tages sichtlich erleichtert, dass der Job so gut geklappt hat, standen wir jedoch vor dem nächsten Problem: Nachdem die Fische den ganzen Tag unter heißen Studioleuchten verbracht hatten, war an ein Weiterverarbeiten zu einem leckeren Schwertfisch-Carpaccio natürlich nicht mehr zu denken. Nur – wie entsorgt man 800 Kilogramm Schwertfisch?

# Deko-Ideen

## Gerichte fantasievoll dekorieren

Natürlich kommt es in erster Linie darauf an, dass das Essen, das Sie zubereiten, gut schmeckt. Aber: Das leckerste Gericht kommt nicht an, wenn es nicht appetitlich aussieht – selbst ein Fünf-Gänge-Menü verliert an Wert, wenn es die Sinne nicht anspricht. Schließlich heißt es: Das Auge isst mit. Mit klassischen Dekorationen wie der früher allgegenwärtigen Ananasscheibe aus der Dose, der Cocktailkirsche oder einem Radieschenröschen am Tellerrand werden Sie Ihren Gästen heute jedoch keine Ahs! und Ohs! mehr entlocken.

Ein paar kreative Ideen reichen oft schon, damit das Essen nicht nur mundet, sondern auch optisch etwas hermacht. Genau die serviere ich Ihnen in diesem Kapitel: besondere Garnierungen und

Verzierungen, die Ihrem Gericht den letzten Schliff verleihen. Ich verspreche Ihnen: Sie und Ihre Gäste werden von Anblick, Duft und Geschmack dieser fantasievollen Dekorationen begeistert sein!

Tipp: Grundsätzlich ist auch bei der Garnierung weniger oft mehr. Der Teller darf nicht überladen aussehen und die Dekoration sollte geschmacklich zum Gericht passen. Wenn es schnell gehen muss oder soll, reichen oft schon ein paar Handgriffe. Echte Hingucker sind beispielsweise essbare Blüten wie die von Kapuzinerkresse, Stiefmütterchen oder Zucchini, die man entweder am Tellerrand platziert oder über das Essen streut. Auch frische Kräuter, Sprossen und Keimlinge oder Pinienkerne und Pistazien veredeln optisch Ihr Gericht.

1

2

# Dekorieren mit Balsamico und Soße

## Balsamico-Reduktion

Mittlerweile gibt es in jedem gut sortierten Supermarkt Balsamico in verschiedenen Geschmacksrichtungen zu kaufen.

**Tipp:** Reduzieren Sie Ihren Balsamico-Essig bei schwacher Hitze, bis er eine sirupartige Konsistenz hat! Der Essig ist so im Geschmack viel konzentrierter. Aber Vorsicht: Bei zu starker Hitzezufuhr karamellisiert der Zucker und wird schnell bitter.

1

2

## Fruchtsoße

Frische Beeren in einem Verhältnis von ca. 4 : 1 oder 5 : 1 mit Puderzucker pürieren – also beispielsweise 400 g Erdbeeren mit 100 g Puderzucker.

**Tipp:** Machen Sie das Verhältnis vom Geschmack der Früchte abhängig. Ich füge außerdem manchmal jeweils 1 Prise Vitamin-C-Pulver und Johannisbrotkernmehl hinzu. Das Pulver verhindert ein Oxidieren der Soßen und mit dem Mehl wird die Soße etwas dickflüssiger.

**Und noch ein Tipp:** Füllen Sie die Soßen in Plastikfläschchen (erhältlich im Großmarkt oder in einem Geschäft für Konditoreibedarf), ziehen Sie damit Streifen oder setzen Sie Punkte auf die Teller. Mit einem Zahnstocher können Sie dann noch schöne Muster in die Soße ziehen – ein wahrer Augenschmaus!

1

2

3

1

2

3

# Dekorieren mit Schokolade, Zucker, Puderzucker und Kakao

## Schokoladenschälchen

Kleine Wasserbombenluftballons aufpusten und zu-
knoten. Kuvertüre über einem Wasserbad temperieren
und auf ca. 30 Grad auskühlen lassen.

**Tipp:** Kuvertüre muss vor Gebrauch immer temperiert
werden. Gehackte Kuvertüre wird über einem Wasserbad
aufgelöst, wobei eine Temperatur von 55 Grad nicht
überschritten werden sollte, damit sie cremig bleibt. Für
die Weiterverarbeitung die Kuvertüre auf ca. 30 Grad
herunterkühlen.

Sie haben kein Thermometer? Auch kein Problem!
Tauchen Sie einen Löffel kurz in die Kuvertüre und
halten diesen dann an Ihre Unterlippe. Fühlt sie sich
lauwarm an, ist die Kuvertüre perfekt.

Die Ballons zu einem Drittel in die flüssige Kuvertüre
tauchen, auf Backpapier absetzen und kühl stellen. Vor
dem Anrichten die Ballons mit einer Nadel einstechen und
vorsichtig aus den Schokoladenschälchen entfernen.

1

2

3

4

5

6

## Schokoladenornamente

Dafür die temperierte Schokolade *(siehe Tipp Seite 14)* in eine Spritztüte aus Backpapier füllen. Die Spitze abschneiden und verschiedene Formen auf ein ausgelegtes Stück Backpapier ziehen. Abkühlen lassen und vorsichtig vom Papier lösen.

## Schokoladenschlüssel

Ungesüßtes Kakaopulver in eine rechteckige Form sieben und glatt streichen. Einen großen, möglichst alten Schlüssel in den Kakao legen. Anschließend den Schlüssel ganz vorsichtig aus dem Kakao nehmen, ohne den gewonnenen Abdruck zu beschädigen.

**Tipp:** Kleben Sie am besten ein bisschen Tesafilm um den Schlüssel. So können Sie den Schlüssel problemlos aus dem Kakao heben.

Nun die temperierte Kuvertüre *(siehe Tipp Seite 14)* mit einer Spritze in die Form füllen und aushärten lassen. Danach den Schokoschlüssel aus der Form lösen und das überschüssige Kakaopulver mit einem sehr weichen Pinsel entfernen.

1

2

3

## Schokoladenröllchen

Temperierte Kuvertüre *(siehe Tipp Seite 14)* mit einer Palette dünn auf einer Marmorplatte verstreichen und warten, bis die Schokolade fest ist. Mit einem Spachtel Röllchen von der Platte schaben.

**Tipp:** Eine einfache und schnelle Dekoration für Desserts sind Nougatröllchen. Dafür stellen Sie ein Stück Nougatmasse für 15 Minuten in den Tiefkühler und ziehen dann mit einem Butterroller der Länge nach Nougatringe ab. Sollte die Masse etwas zu weich sein, einfach noch einmal kühl stellen und dann den Vorgang wiederholen.

## Schokoladenäste

Ein hohes Gefäß mit einem Likör nach Wahl –
beispielsweise Grand Marnier – füllen und über
Nacht ins Gefrierfach stellen. Da Alkohol nicht
gefriert, bleibt alles flüssig. Flüssige Kuvertüre
in den kalten Likör spritzen: Die Schokolade wird
sofort fest und erzeugt verschiedene Formen –
fast wie beim Bleigießen zu Silvester.

**Tipp:** Besonders delikat und ansprechend
werden die Formen, wenn Sie dunkle und
weiße Kuvertüre verwenden.

1

2

3

# Zuckerdekorationen

200 g Zucker, 80 ml Wasser und 50 g Glukose-sirup in einem schweren Stieltopf oder in einem Kupfertopf karamellisieren, bis die Masse einen Goldton angenommen hat.

**Tipp:** Auf den Topf kommt es tatsächlich an. Verwenden Sie nämlich einen mit dünnem Boden, brennt der Sirup leicht an. Und auch Glukose-sirup sollte es in der Patisserie sein, denn der verhindert ein Kristallisieren und löst sich beim Kochen von selbst auf.

Bei 160 Grad – am besten mit einem Zucker-thermometer arbeiten! – den Kochvorgang abbrechen, den Zucker auf eine Silikonbackmatte gießen, abkühlen lassen und beispielsweise zu Karamellspiralen weiterverarbeiten.

**Tipp:** Sollten Sie kein Zuckerthermometer besitzen, vertrauen Sie einfach Ihrem Auge und unterbrechen den Kochvorgang, sobald der flüssige Zucker goldgelb ist.

## Engelshaare

Einen abgeschnittenen Schneebesen in dick-flüssiges Karamell tauchen, den Schneebesen dann in ca. 50 cm Höhe über einem Nudelholz hin und her bewegen, sodass sich darauf feine Fäden bilden.

### Karamellspiralen

Den Zucker auskühlen lassen, bis er formbar ist.
Ein Stück Karamell mit zwei Fingern so aus-
einanderziehen, dass sich lange Fäden bilden.
Diese dann schnell über eine Form drehen.

# Puderzucker und Kakaopulver

Eine schnelle Dekoration für Desserts: Puderzucker
oder Kakaopulver einfach mit einem feinen Sieb
auf den Teller stäuben – fertig.

**Tipp:** Schneiden Sie sich Schablonen mit Mustern
oder mit den Namen der Gäste zu und verzieren
Sie so die Teller mit ganz individuellen Mustern.
Alternativ können Sie mit einer Gabel verspielte
Streifenmuster auf dem Tellerrand ziehen.

A

B

# Dekorieren mit natürlichen Zutaten

## Nüsse und Kerne (C)

Egal ob Pinien- oder Sonnenblumenkerne, Sesamsamen, Kerne von Cashew-, Pecan-, Para-, Hasel-, Wal- und Macadamianuss, Kokosflocken, Pistazien, Mandeln oder Esskastanien: Mit Nüssen und Kernen lassen sich kulinarische Köstlichkeiten einfach und schnell veredeln. Außerdem ist das hochwertige Fett der meisten Nüsse wertvoll für den menschlichen Körper, da es reich an mehrfach ungesättigten Fettsäuren ist.

**Tipp:** Nüsse entfalten ihr Aroma erst richtig, wenn sie kurz vor dem Servieren in einer Pfanne ohne Fett angeröstet werden, bis sie anfangen zu duften und eine leichte Bräunung annehmen.

## Rote-Bete-Julienne (A)

Frische Rote Bete – deren Hauptsaison ist übrigens von Oktober bis März – zuerst schälen, dann auf der Aufschnittmaschine in 1–2 mm dünne Scheiben schneiden, anschließend übereinanderlegen und mit einem scharfen Messer in ganz feine Julienne schneiden. Die Streifen in kaltes Wasser legen, dabei das Wasser so lange wechseln, bis es sich nicht mehr rot verfärbt. Die Rote-Bete-Julienne bis zum Gebrauch im Wasser liegen lassen. Mit Rote-Bete-Julienne verzieren Sie Salate, Vorspeisen und kleine Häppchen auf eine einfache, aber äußerst raffinierte und wirkungsvolle Art.

## Gemüsespaghetti (B)

Verschiedene Gemüsesorten, beispielsweise Zucchini, Möhren und Knollensellerie erst in 1–2 mm dicke Scheiben und dann mit einem scharfen Messer in möglichst lange und am besten schräge Julienne schneiden. Anschließend die Julienne bissfest blanchieren. Gemüsespaghetti sind perfekt für die Verzierung von Vorspeisen und Salaten geeignet.

C

## Essbare Blüten (A)

Auch mit essbaren Blüten können Sie Ihren Salat verzaubern und für neue Geschmackserlebnisse sorgen! Probieren Sie die Blüten von Stiefmütterchen, Gänseblümchen, Kapuzinerkresse, Zucchini, Borretsch, Chrysantheme, Geranie, Holunder, Jasmin, Lavendel, Ringelblume oder auch vom Apfel- oder Zitronenbäumchen. Manche Blüten werden roh verzehrt (Kapuzinerkresse, Veilchen, Rosenblätter), andere frittiert oder in Teig ausgebacken (Holunder, Zucchini).

## Physalis (B)

Diese gelb- bis orangefarbenen, etwa kirschgroßen Beeren – auch Kapstachelbeeren genannt – sind wunderschöne Begleiter von Nachspeisen. Am dekorativsten sieht es aus, wenn Sie die Umhüllung der Frucht dafür leicht auseinanderfalten.

## Karambole, Sternfrucht (C)

Die Karambole – auch Sternfrucht genannt – ist eine längliche, bernsteinfarbene bis wachsgelbe Frucht mit einem charakteristischen sternförmigen Aussehen. Ihr Fleisch ist aromatisch süßsauer, saftig und verströmt einen intensiven Duft. Karambolen eignen sich für die Dekoration von Speisen, aber auch für süße und herzhafte Salate.

## Beerenobst (D)

Brombeeren, Erdbeeren, Himbeeren, Heidelbeeren, Johannis- oder Stachelbeeren: Diese kleinen Früchtchen gibt es in den unterschiedlichsten Sorten. Und das Beste: Sie schmecken nicht nur einfach lecker und verwöhnen mit einem hohen Vitamin- und Mineralstoffgehalt, sondern setzen als Dekoration bei vielen Gerichten optische Highlights.

**Tipp:** Wegen des hohen Wassergehalts ist Beerenobst sehr empfindlich. Ich empfehle Ihnen deshalb, die Früchte schnell zu verarbeiten oder schonend zu lagern.

A

B

C

D

Salbei

Bärlauch

Lorbeer

Kerbel

Thymian

Basilikum

Majoran

A

B

## Kräuterbündel (A)

Frische Kräuter verleihen Ihren Gerichten ganz individuelle Aromen. Kerbel, Basilikum, Majoran, Melisse, Minze, Waldmeister und viele andere eignen sich hervorragend zum Würzen – und veredeln die Optik.

**Tipp:** Unabhängig davon, für welche Kräuter Sie sich entscheiden, schneiden Sie die Stiele nicht direkt am Blattansatz ab, sondern lassen Sie ruhig 1 cm überstehen. Damit fällt es Ihnen wesentlich leichter, das Kraut auf dem Teller oder dem Gericht zu platzieren, ohne dass es umfällt.

## Schnittlauchhalme (B)

Mit zusammengebundenen Schnittlauchhalmen – oder einzeln gelegt – setzen Sie einfach und schnell optische Highlights.

## Sprossen und Keimlinge (C)

Sprossen und Keimlinge erfreuen sich zunehmender Beliebtheit, da sie sehr schnell und unkompliziert verwendet werden können. Des Weiteren punkten sie durch viele Ballaststoffe und Vitamine. Der Vielfalt sind dabei nahezu keine Grenzen gesetzt, denn fast alle Getreidesorten – außer dem unreif geernteten und gedarrten Grünkern – können verwendet werden. Auch Hülsenfrüchte wie Erbsen, Linsen, Mungo- und Sojabohnen, Azukibohnen, Kichererbsen, Alfalfa (Luzerne) und Bockshornklee sind hervorragende Begleiter.

**Tipp:** Achten Sie darauf, Keimlinge von Erbsen, Kichererbsen, Soja- und Azukibohnen nicht roh zu verzehren, da diese Giftstoffe enthalten.

## Tête-de-Moin-Locken (D)

Tête de Moin ist ein Halbhartkäse mit einem sehr feinen Teig, der im Mund leicht schmilzt. Er wird nicht geschnitten, sondern zu feinen Locken oder Rosetten geschabt, die besonders gut zu Salat, auf Brot oder zu Fleisch schmecken. Noch dazu sehen sie einfach toll aus! Allgemein eignen sich für Salate Hartkäsesorten wie Pecorino, Parmesan, Grana Padano oder Manchego.

Knoblauchsprossen

Azukisprossen

Minimungo-
bohnensprossen

Alfalfasprossen

Erbsenspargel-
sprossen

C

D

# Frittierte Gemüse, knusprige Kräuter und zarte Chips

## Frittierte Kräuter

Großblättrige Kräuter wie glatte oder krause Petersilie, Basilikum, Salbei oder Rucola lassen sich gut in Fett ausbacken. Die Temperatur sollte dabei jedoch 150 Grad nicht überschreiten.

**Tipp:** Die Kräuter möglichst nicht waschen. Sollte es jedoch nötig sein, trocknen Sie die Blätter danach gut ab, denn Wasser bringt Öl zum Spritzen.

## Blaue Kartoffelchips

Blaue Kartoffeln mit einer Aufschnittmaschine in 1–2 mm dicke Scheiben schneiden, einzeln in 160 Grad heißes Fett legen und knackig ausbacken. Auf die gleiche Art können Sie ebenso Kürbis-, Lotoswurzel- oder Rote-Bete-Chips herstellen.

## Auberginenchips

Eine Aubergine in 2 mm dünne Scheiben schneiden, anschließend in Mehl wenden und bei 160 Grad knackig ausbacken.

## Kartoffelstroh

Eine große Kartoffel schälen und auf der
Aufschnittmaschine in 1–2 mm dicke Scheiben
schneiden. Mit einem scharfen Messer die
Scheiben in ganz feine Julienne schneiden.

**Tipp:** Die feinen Streifen kurz unter kaltem
Wasser abspülen, um die überschüssige Kartoffel-
stärke abzuwaschen. So vermeiden Sie, dass die
Julienne verkleben.

Dann auf Küchenpapier sehr gut abtrocknen. In
heißem Fett bei 160 Grad ausbacken, bis sie
knusprig braun sind, abschließend mit Salz würzen.
Zum Anrichten am besten eine feine Gabel verwenden, damit das Kartoffelstroh nicht
auseinanderbricht.

**Tipp:** Ich setze voraus, dass Sie stets frisches Öl
verwenden. Aber als zusätzliches und ganz
besonderes Geschmackserlebnis empfehle ich
Ihnen: Frittieren Sie als Erstes eine Handvoll
Rosmarin- und Thymianzweige – die ätherischen
Öle verleihen dem Frittierfett ein besonders
intensives Aroma.

## Frittierte Glasnudeln

Ungekochte trockene Glasnudeln mit einer
Küchenschere in Stücke schneiden und in heißem
Fett bei 160 Grad für einige Sekunden ausbacken.

**Tipp:** Seien Sie vorsichtig bei der Menge, denn
die Nudeln vervielfachen ihr Volumen im heißen
Fett. Übrigens: Die knusprigen Glasnudeln
eignen sich nicht nur für asiatische Gerichte!

1

2

3

## Kartoffelspiralen

Kartoffeln mit einem Spiralschneider schneiden. In heißem Fett bei 160 Grad frittieren. Auf Küchenpapier legen, mit Salz würzen.

**Tipp:** Sie möchten Fisch, Meeresfrüchte oder Fleisch mit einer knusprigen Kruste servieren? Dafür sind die Kartoffelspiralen genau richtig – einfach vor dem Frittieren umwickeln.

1

2

3

## Knusperhaare

Wan-Tan-Teig gibt es als hauchdünne Nudelplatten in jedem Asialaden zu kaufen. Teigplatten übereinanderlegen und mit einem scharfen Messer in ganz feine Julienne schneiden. Diese in heißem Fett bei 160 Grad für einige Sekunden frittieren.

**Tipp:** Mit Knusperhaaren verwandeln Sie Vorspeisen und Desserts in einen Augenschmaus, wie vom Spitzenkoch gezaubert. Übrigens: Wan-Tan-Teig kann man wunderbar einfrieren und portionsweise verwenden.

# Gebackene Köstlichkeiten

1

2

## Getrocknete Apfel- oder Birnenchips

Apfel- oder Birnenchips setzen fruchtige Akzente. Dafür das Obst mit dem Gemüsehobel in 2 mm dicke Scheiben hobeln, mit Zitronensaft beträufeln, auf ein geöltes Backblech legen und bei 120 Grad 90 Minuten trocknen lassen – dabei alle 20 Minuten wenden. Auskühlen lassen und mit Salz bestreut servieren.

## Kandierte Ananas oder Zitrusfrüchte

200 g Zucker mit 200 ml Wasser zu Läuterzucker aufkochen.

**Tipp:** Als Läuterzucker wird reiner, farbloser Zuckersirup bezeichnet, der aus raffiniertem Zucker und Wasser hergestellt wird. Der Läuterzucker ist bereits nach 1 Minute Kochzeit und einer Temperatur von ca. 100 Grad fertig.

Ananas in 2 mm dünne Scheiben schneiden, in Läuterzucker einlegen und 30 Minuten ziehen lassen. Die Ananasscheiben herausholen und abtropfen lassen. Backpapier auf ein Blech legen, die Scheiben darauf verteilen, mit einer zweiten Lage Backpapier abdecken und am Rand mit 2 Gabeln beschweren. Nun die Ananas bei 120 Grad 2 Stunden im Backofen trocknen lassen.

A

## Strudelteig zum Ausbacken (A)

200 g Mehl, 20 ml Olivenöl, 120 ml Wasser und Salz zu einem glatten Teig kneten. Mit dem Nudelholz auf einer bemehlten Fläche dünn ausrollen, mit flüssiger Butter einstreichen, eventuell mit Puderzucker bestäuben und bei 180 Grad im Backofen ausbacken. Den fertigen Teig in große Segel brechen und als Beilage zu Salaten und Vorspeisen reichen.

**Tipp:** Diese Dekoration passt hervorragend zu Vorspeisen, Salaten und sogar zu Desserts.

## Geröstete Ciabatta (B)

Ciabatta der Länge nach 3–4 mm dünn aufschneiden, mit Olivenöl einpinseln, salzen und pfeffern. Einige Minuten unter dem Backofengrill rösten.

**Tipp:** Ein wahrer Blickfang sind auch in einem Glas angerichtete Grissini. Wie Sie die selbst zubereiten, zeige ich im Kapitel „Brote und Teige".

## Gebackene Wan-Tan-Segel (C)

Wan-Tan-Blätter diagonal halbieren, auf eine Backmatte legen, mit Puderzucker bestäuben und bei 180 Grad 7–10 Minuten backen. Perfekt für Süßspeisen, zum Schichten und Stapeln von Creme und Mousse.

# Hippen und Segel in allen Varianten

### Parmesanhippen

80 g weiche Butter, 50 g fein geriebenen Parmesan, 50 g Mehl und 70 g Eiweiß miteinander vermischen, mit Cayennepfeffer und Muskat abschmecken. Den Teig mit einer Schablone auf eine Backmatte oder ein Backpapier streichen und bei 170 Grad im Backofen goldgelb ausbacken. Im warmen Zustand in die gewünschte Form bringen.

### Curryhippen

100 g weiche Butter, 100 g Mehl, 100 g Eiweiß, 30 g Puderzucker und 1 TL Currypulver miteinander vermischen, mit 1 Prise Salz abschmecken. Den Teig mit einer Schablone kreisrund auf Backpapier streichen und bei 180 Grad goldgelb backen.

**Tipp:** Die heißen Hippen vom Backblech lösen und zum Auskühlen über ein Nudelholz legen, sodass sich die Hippe der Form anpasst.

## Schokoladenkörbchen (A)

100 g Puderzucker, 20 g Kakao, 80 g Mehl und
100 ml Sahne zu einer glatten Masse verarbeiten.
Diese mit einer runden Schablone auf Backpapier
ausstreichen und bei 180 Grad im Ofen backen.
Die warmen Schokohippen in Förmchen drücken
und auskühlen lassen.

## Filoteigkörbchen (B)

Filoteig in Rechtecke schneiden und mit Olivenöl
einpinseln. Jeweils 2–3 Stücke Filoteig übereinander
in jede Muffinmulde drücken und bei 180 Grad
10 Minuten backen.

**Tipp:** Diese Körbchen eignen sich wunderbar für
Fingerfood und Dips.

## Hippenlöffel

100 g Puderzucker, 100 g Mehl und 100 ml
Sahne zu einem glatten Teig verrühren. Dann
mit einer Löffelschablone auf Backpapier
auftragen und bei 180 Grad goldgelb ausbacken.
Die Hippe noch vor dem Auskühlen auf einen
Löffel biegen.

**Tipp:** Trennen Sie ein Drittel von der Teigmasse
ab und verrühren sie mit 10 g Kakao. Füllen Sie
die Schokomasse in eine Spritze und verzieren
Sie die Hippenlöffel damit nach Belieben.

**Tipp:** Um Hippen eine bestimmte Form zu
verleihen, benötigen Sie Schablonen. Die
können Sie sehr einfach selbst herstellen:
Schneiden Sie 1–2 mm dünne Kunststoffplatten
in den gewünschten Formen zu. Ihr Vorteil:
Kunststoff lässt sich abwaschen und somit
immer wieder verwenden. Aber natürlich
funktionieren Schablonen aus Karton genauso
gut. Die Backzeit bei den Hippen ist davon
abhängig, in welcher Stärke der Teig ver-
strichen wird. Deshalb variieren die Zeiten
zwischen 3 und 8 Minuten.

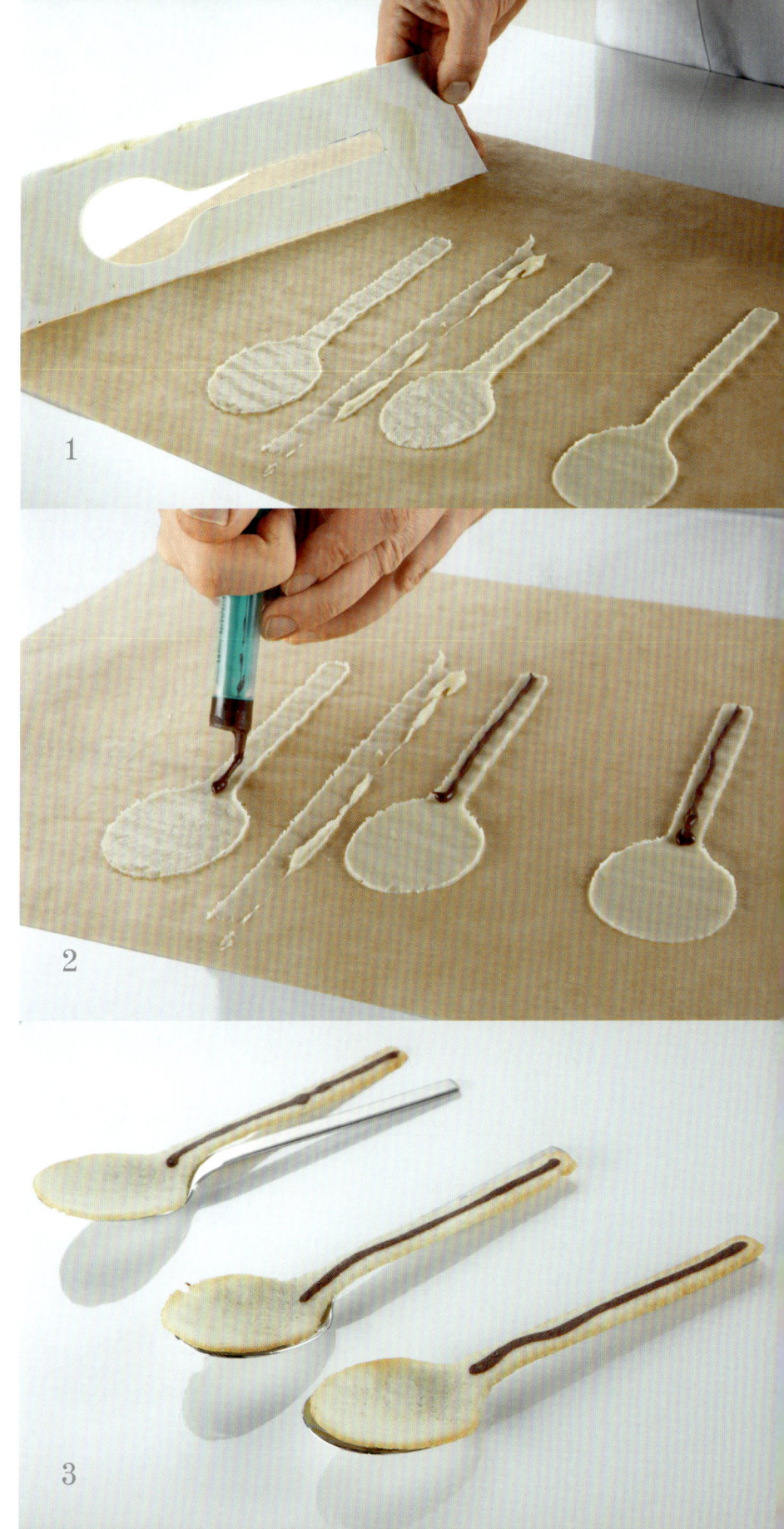

## Nuss-Segel

30 g Mehl, 80 g flüssige Butter und 60 g Eiweiß
zu einer glatten Masse verrühren. Diese mit einer
Palette auf Backpapier auftragen und mit 80 g
grob gemahlenen Nüssen bestreuen. Im Backofen
bei 170 Grad knusprig backen. Vorsichtig vom
Backpapier lösen und in große Stücke brechen.

## Schoko-Nuss-Blätter

75 g Zucker, 20 g Mehl, 30 g Kakaopulver, 80 g Eiweiß und 30 g flüssige Butter miteinander vermischen. Die Masse dünn auf Backpapier auftragen. Den Teig beispielsweise mit Kürbiskernen oder – etwas gewagter – mit Fleur de sel bestreuen. Abschließend bei 170 Grad backen, in Stücke brechen oder mit einem Messer schneiden.

**Tipp:** Schichten Sie Weiße-Schokoladen- oder Quark-Mousse zwischen die Schoko-Nuss-Blätter. Das sieht super aus und erspart Ihnen zudem das Ausstechen von Nocken, die nicht immer gelingen.

## Zuckergebäck

100 g Eiweiß, 45 g Mehl und 100 g weiche Butter miteinander vermischen. Den Teig dünn auf Backpapier ausstreichen und mit 100 g Rohrzucker bestreuen. Bei 200 Grad goldgelb backen, dann vorsichtig vom Backpapier lösen und in große Stücke brechen.

# Amuse-Gueules

## Kleinkunst und Raffinesse

Amuse-Gueule, Amuse-Bouche oder Gruß aus der Küche: Die kulinarischen Gaumenkitzler, die Ihnen als Vor-Vorspeise in Restaurants serviert werden, haben viele Namen. Und auch viele Aufgaben: Sie sollen das Warten auf den ersten Gang verkürzen, Lust und Appetit auf das folgende Geschmackserlebnis machen, aufregend und ungewöhnlich sein. Amuse-Gueules sind eine wahre Herausforderung – das gebe ich zu. Nicht umsonst heißt es, dass sich bei diesen feinen Speisen das ganze Können und die Kreativität des Kochs zeigen.

Doch nicht nur Profiköche, auch Sie können kleine Meisterwerke mit großer Wirkung auf der Zunge zaubern! In diesem Kapitel serviere ich

Ihnen einige raffinierte Ideen, die Sie zu Eigenkreationen inspirieren und Ihr perfektes Dinner zu einem rundum vollkommenen Genuss machen sollen.

Also: Überraschen Sie Ihre Gäste, verwöhnen Sie sie mit einem kleinen Willkommensgruß aus Ihrer Küche, der alle Geschmacksnerven zum Vibrieren bringt!

Tipp: Prinzipiell sind Ihnen bei der Zubereitung und den Zutaten keine Grenzen gesetzt, jedoch sollten die kleinen Häppchen nichts enthalten, was im späteren Menü verwendet wird. Und weil sie so klein sind, dürfen sie auch mit der Hand gegessen werden – oder mit speziell hergestellten Löffelchen, auf denen sie serviert werden.

Salatgurke
Honigmelone
Charentais-Melone
Galia-Melone
Minzblättchen
Honig
Zitrone
Champagner
rote Paprika

# Geeiste Champagner-Gurken-Lasagne mit Melonen-Salsa

1

2

3

4

5

6

# Geeiste Champagner-Gurken-Lasagne mit Melonen-Salsa

*Zubereitungszeit: 30 Minuten (12 Stunden Gefrierzeit)*

## Zutaten für 4 Portionen

*Für das Champagner-Gurken-Sorbet*

**250 g** Salatgurke

**250 g** Honigmelone

Salz

**22** Minzblättchen

**40 g** Honig

Saft und Schale von **1** Zitrone

**1 ½ Blatt** Gelatine

**20 ml** Champagner

**1** Eiweiß

**einige** Apfelscheiben

(zum Garnieren)

*Für die Melonen-Salsa*

**½** Charentais-Melone

**½** Galia-Melone

**1** rote Paprikaschote

Salz

## Zubereitung

**Gurke** und **Honigmelone** schälen und halbieren. Jeweils die Kerne entfernen und das Fruchtfleisch in Scheiben schneiden. Gurke und Melone mit **Salz** würzen, 10 **Minzblättchen**, **Honig**, **Zitronensaft** und **-schale** hinzufügen. In einem Küchenmixer alles pürieren.

Die **Gelatine** erst 5 Minuten in kaltem Wasser einweichen, danach über einem Wasserbad auflösen. **Champagner** und Gelatine zur Gurkenmasse geben, verrühren und alles mit Salz abschmecken.

Das **Eiweiß** steif schlagen und unter die Masse heben. Diese ca. 1 cm hoch auf ein mit Frischhaltefolie belegtes Blech oder in eine Auflaufform geben und über Nacht einfrieren.

Für die Salsa die **Melonenhälften** halbieren, Schale und Kerne entfernen. Das Fruchtfleisch von je 1 Hälfte in der Küchenmaschine kurz mixen, sodass ein fruchtiges Püree entsteht. Die **Paprika** und den Rest der Melonen in kleine Würfel schneiden und unter die Salsa heben, mit Salz abschmecken.*

## Anrichten

Stechen Sie das gefrorene Sorbet mit Metallringen aus und stapeln Sie es im Wechsel mit **Apfelscheiben**. Verfeinern Sie dieses prickelnd frische Amuse-Gueule, indem Sie zwischen den Schichten die restlichen Minzblätter platzieren.

## Tipp

* Verfeinern Sie die Salsa mit Schnittlauch, Minze, Melisse oder Waldmeister und schmecken Sie sie mit Meersalz und frischem Pfeffer ab. Und denken Sie daran: Je schlichter ein Rezept ist, desto mehr kommt es auf die Qualität der Produkte an!

# Rotes Zwiebel-Confit mit Parmesan-Tarte und Coppa

rote Zwiebeln

Rotwein

Parmesan

brauner Rohrzucker

Butter

Coppa

# Rotes Zwiebel-Confit
# mit Parmesan-Tarte und Coppa
*Zubereitungszeit: 45 Minuten*

## Zutaten für 4 Portionen

*Für das Zwiebel-Confit*

**250 g** mittelgroße rote Zwiebeln
**3 EL** Olivenöl
**1–2 EL** brauner Rohrzucker
**150 ml** Rotwein
Salz
schwarzer Pfeffer
Zitronensaft

*Für die Parmesan-Tarte*

**150 g** Mehl
**150 g** Parmesan
(fein gerieben)
**150 g** weiche Butter
**1** Ei
**4 Scheiben** Coppa

Kerbel (zum Garnieren)
Rucola (zum Garnieren)
**4 EL** Pesto
(siehe Seite 101)
**4 EL** Olivenöl
roter Pfeffer

## Zubereitung

Den Backofen auf 180 Grad vorheizen.

Die **Zwiebeln** schälen und in Streifen schneiden. Das **Olivenöl** in einem Topf erhitzen und die Zwiebeln so darin anbraten, dass sie nicht am Topfrand kleben bleiben und anbrennen.*

Die Zwiebeln mit dem **Rohrzucker** – wer es süßer mag, nimmt 2 EL – bestreuen und karamellisieren lassen. Es dauert einige Minuten, bis sich der Zucker auflöst und der Karamell die Zwiebeln umhüllt. Mit **Rotwein** ablöschen und den Wein bei geringer Hitze reduzieren, bis das Zwiebel-Confit eine feste, glänzende Konsistenz hat. Mit **Salz**, **schwarzem Pfeffer** und einigen Spritzern **Zitronensaft** abschmecken.

Für die Tarte **Mehl**, **Parmesan** und **Butter** zu einer Masse verrühren. Dann das **Ei** hinzufügen und alles zu einem Teig verkneten. Den Teig 30 Minuten im Kühlschrank ruhen lassen.

In der Zwischenzeit die **Coppa-Scheiben** im heißen Backofen knusprig backen.

## Tipps

* Dafür benutze ich immer einen hitzebeständigen Teigschaber aus Silikon.

** Natürlich können Sie auch Kreise oder Dreiecke schneiden – das überlasse ich ganz Ihrer Kreativität und Ihrem Geschmack. Erfahrungsgemäß bleibt bei diesem Rezept etwas Teig übrig. Den können Sie aber wunderbar einfrieren und später weiterverwenden.

Den Teig auf einer bemehlten Arbeitsfläche mit einem Nudelholz ca. 2–3 mm dünn ausrollen und mit einem Messer in Rechtecke à 12 x 5 cm schneiden.**

Die Temperatur des Backofens auf 200 Grad erhöhen.

Nun die Teigplatten mit reichlich Zwiebel-Confit belegen und 20 Minuten auf der mittleren Schiene backen.

## Anrichten

Platzieren Sie die noch warmen Tartes mittig auf Tellern und stecken Sie die krossen Coppa-Scheiben senkrecht als Segel in das Confit. Garnieren Sie diese Leckerei mit frischem **Kerbel** und **Rucola**. Verdünnen Sie etwas **Pesto** mit ein wenig **Olivenöl** und ziehen damit eine Linie auf den Tellern. Und der krönende Abschluss: Bestreuen Sie den Freiraum der Teller mit etwas **rotem Pfeffer**.

1

2

Wan-Tan-Teig
Garnelen
Erbsen
Butter
Orangendressing
Currypulver
Cayennepfeffer

# Knusprige Garnelensterne auf Zuckererbsencreme

# Knusprige Garnelensterne auf Zuckererbsencreme

*Zubereitungszeit: 25 Minuten*

## Zutaten für 4 Portionen

*Für die Garnelen*

Rapsöl (zum Ausbacken)

**20 Blatt** Wan-Tan-Teig

**1 EL** Speisestärke

Currypulver

Cayennepfeffer

**4** geschälte große Garnelen

Salz

**1** Eiweiß

*Für die Zuckererbsencreme*

**250 g** Zuckererbsen

**15 g** weiche Butter

Salz

Pfeffer

Zucker

**4 EL** Orangendressing
*(siehe Seite 100)*

**einige** Lavendelblüten

## Zubereitung

Den Backofen auf 140 Grad vorheizen und das **Rapsöl** in einem großen Topf auf ca. 160 Grad erhitzen.

Den **Wan-Tan-Teig** in ganz feine Julienne schneiden *(siehe Seite 34)*. Die **Speisestärke** mit **Currypulver** und **Cayennepfeffer** mischen. Die **Garnelen** entdarmen, salzen und einmal in der Würzmischung wenden. Anschließend in verquirltem **Eiweiß** wenden und mit den Wan-Tan-Streifen umwickeln.* Sofort im heißen Rapsöl 30 Sekunden ausbacken. Die Garnelensterne im vorgeheizten Backofen 7–8 Minuten gar ziehen lassen.

Für die Zuckererbsencreme inzwischen die **Erbsen** blanchieren und mit der **Butter** fein pürieren. Die Masse durch ein Sieb streichen, mit **Salz**, **Pfeffer** und **Zucker** abschmecken.

## Anrichten

Setzen Sie eine Portion Erbsencreme auf einen Teller und legen Sie einen Garnelenstern auf die Creme. Blickfang und Augenschmaus sind einige Klackse **Orangendressing** und **Lavendelblüten**, mit denen Sie dieses Amuse-Gueule veredeln.

## Tipp

* Eiweiß ist relativ zähflüssig. Damit Sie es besser verarbeiten können, schlagen Sie es am besten vorher kurz auf.

1

2

3

4

5

6

# Hokkaido-Mousse mit Quarkcreme und Kürbiskernkrokant

Hokkaido-Kürbis

Apfelsaft

Schlagsahne

Quark

Bonbons

Kürbiskerne

frische Kräuter

# Hokkaido-Mousse mit Quarkcreme und Kürbiskernkrokant

*Zubereitungszeit: 40 Minuten (4 Stunden Kühlzeit)*

## Zutaten für 4 Portionen

*Für die Hokkaido-Mousse*

**300 g** Hokkaido-Kürbis
Salz
Cayennepfeffer
Muskat
**2 ½ Blatt** Gelatine
**100 ml** Apfelsaft
**200 ml** Schlagsahne

*Für die Quarkcreme*

**200 g** Sahnequark
Zitronensaft
Salz
Zucker

*Für den Kürbiskernkrokant*

**50 g** feste Bonbons
(ohne Füllung)
**2 EL** gehackte Kürbiskerne

frische Kräuter

## Zubereitung

Den **Hokkaido-Kürbis** waschen, halbieren und mit einem Löffel entkernen.*

Kürbis würfeln und in **Salz**wasser 10–15 Minuten weich kochen. Die Kürbisstücke in einem Sieb abtropfen lassen, dann fein pürieren und mit **Cayennepfeffer**, **Salz** und **Muskat** abschmecken.

**Gelatine** in kaltem Wasser 5 Minuten einweichen. Inzwischen den **Apfelsaft** erhitzen. Die Gelatine ausdrücken und im Apfelsaft auflösen. Den Apfelsaft unter das warme Kürbispüree rühren und leicht abkühlen lassen.** Die **Sahne** steif schlagen und mit einem Schneebesen unter das Püree heben.

Für die Quarkcreme den **Quark** mit 1 Spritzer **Zitronensaft** glatt rühren und mit **Salz** und **Zucker** würzen.

Die Mousse und den Quark abwechselnd in Gläser schichten und für 4 Stunden in den Kühlschrank stellen.***

## Tipps

* Selbstverständlich können Sie auch eine andere Kürbissorte verwenden. Ich bevorzuge Hokkaido wegen seines tollen Geschmacks und der einfachen Verarbeitung, denn diesen Kürbis müssen Sie nicht schälen: Seine Schale ist essbar und wird sowohl beim Kochen als auch beim Backen weich.

** Legen Sie ein feuchtes Schwammtuch unter die Schüssel mit dem Püree. So hat diese einen festen Stand und rutscht beim Rühren nicht hin und her.

*** Als Gelinggarantie empfehle ich Ihnen, die Gläser nach jeder Schicht für 10–15 Minuten in den Tiefkühler zu stellen. So härtet die Mousse schneller aus.

Für den Kürbiskernkrokant den Backofengrill auf 200 Grad vorheizen. Die **Bonbons** in einem Küchenmixer fein zermahlen. Das Bonbonpulver gleichmäßig mit einem Sieb auf einer Silikonbackmatte oder auf einem Backpapier verteilen und die gehackten **Kürbiskerne** darüberstreuen. Ca. 10 Sekunden unter dem Backofengrill karamellisieren. Nach dem Abkühlen den Krokant vorsichtig mit einer Palette von der Backmatte lösen und in große Stücke brechen.

## Anrichten

Für das optische Aha-Erlebnis die Gläser vor dem Servieren einfach mit einem Krokantstück und frischen **Kräutern** dekorieren – fertig!

Pellkartoffeln
Butter
Muskat
Schnittlauch
Crème fraîche
frischer Lachs
Olivenöl
Lachskaviar

# Kartoffeltörtchen mit Lachs-Tatar

# Kartoffeltörtchen mit Lachs-Tatar
*Zubereitungszeit: 45 Minuten*

## Zutaten für 4 Portionen

*Für die Kartoffeltörtchen*

**150 g** kleine Pellkartoffeln
(z. B. Drillinge)

Salz

**30 g** weiche Butter

Muskat

**2 EL** Schnittlauch

**60 g** Crème fraîche

*Für das Lachs-Tatar*

**200 g** frischer Lachs
(ohne Haut und Gräten)

**5 EL** Olivenöl

Saft von ½ Limette

Salz

Pfeffer

Kartoffelstroh
*(siehe Seite 31)*

Schnittlauchhalme

Olivenöl (zum Beträufeln)

**etwas** Lachskaviar

grober Pfeffer

## Zubereitung

**Kartoffeln** in reichlich kochendem **Salz**wasser weich kochen und am besten noch warm pellen – so lässt sich die dünne Haut wesentlich leichter entfernen.*

Die noch warmen Kartoffeln durch eine Kartoffelpresse drücken.** Die Masse in einer Schüssel gut mit der **Butter** vermengen, bis diese vollständig aufgelöst ist.

Die Masse mit Salz und **Muskat** abschmecken und etwas abkühlen lassen. Den **Schnittlauch** in feine Röllchen schneiden und mit der **Crème fraîche** vorsichtig unterheben.***

Für das Tatar den **Lachs** in kleine Würfel schneiden, mit **Olivenöl** und **Limettensaft** mischen und mit **Salz** und **Pfeffer** abschmecken.

Die Kartoffelmasse in Metallringe mit 4 cm Durchmesser füllen und andrücken. Lachs-Tatar gleichmäßig darauf verteilen.

## Tipps

\* Falls Ihnen die kleinen Erdäpfel zu heiß sind, legen Sie einfach jeweils 2–3 Kartoffeln in eine Schüssel mit kaltem Wasser. So geht das Pellen gleich viel angenehmer von der Hand.

\*\* Sollten die Kartoffeln bereits ausgekühlt sein, bevor alle von der Schale befreit sind, können Sie sie kurz vor dem Pressen in der Mikrowelle erhitzen.

\*\*\* Für figurbewusste Gäste können Sie die Crème fraîche durch saure Sahne ersetzen, denn die hat nur 10 % Fett.

## Anrichten

Heben Sie die Metallringe mit einer Küchenpalette an und platzieren Sie sie auf kleinen Tellern. Dann ziehen Sie die Ringe vorsichtig ab und dekorieren das Kartoffeltörtchen mit **Kartoffelstroh** und **Schnittlauchhalmen**. Tröpfeln Sie mit einem kleinen Löffel ein wenig **Olivenöl** und etwas **Lachskaviar** auf den Teller und streuen Sie groben **Pfeffer** darüber.

# Salate & Co.

## Dekorieren, drapieren, stapeln – so wird Salat zum Kunstwerk

Ein paar Blätter Kopfsalat, Tomaten, Gurken und eventuell noch kleine Paprikastückchen oder geraspelte Möhre? Das war Salatküche gestern – eher eine Randerscheinung auf dem Teller als kulinarischer Augen- und Gaumenschmaus.

Heute sind der Fantasie in der Salatküche keine Grenzen gesetzt, das Farbspektrum ist genauso vielfältig wie Formen und Geschmacksrichtungen: vom weiß-gelben, eher bitteren Chicorée über kräftig grüne Endivie bis hin zum feinwürzigen roten Radicchio – Blattsalate wecken schon beim Anblick Appetit. Ein passendes Dressing, harmonisch komponierte Zutaten – egal ob Sprossen, Keimlinge, Nüsse, Samen oder essbare Blüten –, besondere Brotsorten als

Beigabe und eine liebevolle Inszenierung machen den Salat zu einem fulminanten Einstieg oder zu einer ausgleichenden Komponente in der Speisenfolge.

Ob Klassiker oder exotische Köstlichkeiten, ob eindrucksvolle Auftaktnummer oder tragende Nebenrolle: Auf den folgenden Seiten präsentiere ich Ihnen ideenreiche Rezepte und Profitipps, mit denen Salate sicher schnell zu Stars Ihres Kochrepertoires aufsteigen.

Los geht's: Drapieren, dekorieren und stapeln Sie mit mir zusammen Salate zu kleinen Kunstwerken.

# Frisches vom Markt

Schon beim Einkaufen stellen Sie die Weichen für einen erstklassigen Salat. Je frischer, desto besser, lautet hier die Devise. Trauen Sie bei der Auswahl Ihrem gesunden Urteilsvermögen und wählen Sie das, was am besten aussieht: Leuchtende Farben und knackige Blätter sind untrügliche Zeichen für Frische. Verzichten Sie möglichst auf Fertigmischungen: Abgesehen von Qualitätseinbußen bei Aussehen und Geschmack verpassen Sie jede Menge Küchenspaß und die Chance, einmal unbeschwert mit verschiedenen Salatsorten und Aromen herumzuspielen.

Entdecken Sie die vielfältigen Geschmackswelten, die sich durch unterschiedlichste Salatsorten öffnen. Und wählen Sie aus, womit Sie Ihren Gaumen verwöhnen möchten:

**Chicorée** hat einen unverwechselbaren bitter-aromatischen und herb frischen Geschmack. Im rohen Zustand wird er als Salat zubereitet; gebraten oder überbacken eignet er sich super als Gemüsebeilage oder Vorspeise.

Der Geschmack von **Chinakohl** ist angenehm zart, mild und leicht kohlartig. Im Gegensatz zu anderen Kohlsorten ist Chinakohl auch in rohem Zustand gut bekömmlich.

**Eichblattsalat** ist eine recht junge Kreuzung. Die Blätter erinnern ein wenig an Eichenlaub. Der Salat ist sehr empfindlich und wird gern in Salat-mischungen verwendet.

**Eisbergsalat** ist knackig im Biss und vermittelt den Eindruck von Kühle und Frische. Er schmeckt herzhaft mild.

**Feldsalat** schmeckt würzig pikant, hat eine leichte Nussnote und wird meistens für Salate mit einer kräftigen Marinade verwendet.

**Tipp:** Die Blätter der kleinen Pflänzchen bilden Rosetten, die von einer kleinen Wurzel gehalten werden. Entfernen Sie beim Putzen immer nur das Bärtchen der Wurzel, so bleiben die Rosetten ganz und lassen sich wunderbar anrichten: Bouquets aus Feldsalat sind eine wahre Pracht.

**Friséesalat** hat einen leicht bitteren, würzig herzhaften Geschmack – vor allem die Außen-blätter schmecken auffallend bitter. Die feinen Salatherzen eignen sich hervorragend zum Dekorieren und Verzieren.

Chicorée

Eisbergsalat

Chinakohl

Feldsalat

Eichblattsalat

Friséesalat

Glacialsalat

Löwenzahn

Kopfsalat

Pak-Choi

Lollo bianco, Lollo rosso

Radicchio

**Glacialsalat** ist ein fester grüner Salat mit essbaren kräftigen Stängeln und kleinen Blättern. Das Besondere ist die gefrostete Optik und die lang anhaltende knackige Frische.

**Kopfsalat** schmeckt neutral, ist dabei aber sehr erfrischend – ein hervorragender Salat für die Sommermonate.

**Lollo bianco** ist der grüne bis hellgrüne Verwandte des Lollo rosso und im Geschmack etwas milder.

**Lollo rosso** schmeckt knackig frisch, ist mild bis herb und hat eine leichte Nussnote.

**Löwenzahn** hat lange, entweder gelbe oder grüne Blätter. Sein Geschmack ist leicht herb. Für die Salatküche eignen sich am besten Blätter, die vor der Blütezeit gepflückt wurden. Diese Salatsorte passt wunderbar zu süßem Dressing oder zu herzhafter Vinaigrette.

**Pak-Choi** schmeckt feiner als Chinakohl und erinnert ein wenig an Spinat.

**Radicchio** schmeckt leicht bis sehr bitter. Das bittere Aroma harmoniert sehr gut mit süßlichem Dressing. Seine rote Farbe macht ihn optisch für Salatmischungen attraktiv.

**Rucola** schmeckt kräftig bis scharf und etwas nussig. In unseren Breitengraden ein sehr beliebter Salat, der mittlerweile – gerade wegen der kräftig nussigen Note – auch als würzende Zutat auf Pizzen und Nudelgerichten seinen Platz findet.

**Romana-Salat** oder auch Römersalat ist Bestandteil des Klassikers Caesar's salad. Er hat längliche Blätter und eine kräftige Geschmacksnote.

**Spinat** – und hier besonders die kleine Variante, der sogenannten Babyspinat – eignet sich toll für Salate. Spinat ist reich an Vitamin C. Aber: Spinat enthält auch Nitrat, das im Körper zu Nitrit umgewandelt wird. Deshalb ist davon abzuraten, Kindern unter einem Jahr Spinat zu geben.

**Tipp:** Waschen Sie die Salatblätter vor der Zubereitung gründlich in kaltem Wasser, aber bitte nie mit der Küchenbrause! Salat ist frisch, jung, zart und fein – behandeln Sie ihn auch so! Feldsalat beispielsweise: Einmal unter die Brause gehalten, kriegt er die Blätter nicht mehr hoch. Lassen Sie ihn ruhig ein wenig im Wasser liegen, so können sich Sand und Schmutz absetzen – aber nur kurz, sonst verliert der Salat seine Frische und wertvolle Vitamine.

Trocknen Sie die Blätter danach sehr sorgfältig, denn übrig gebliebenes Wasser ist der Feind von knackigem Geschmack und weicht den Salat schnell auf. Besonders einfach und schonend trocknen Sie ihn mit einer Salatschleuder. Ob Sie den Salat danach klein schneiden oder zupfen, überlasse ich ganz Ihnen. Ich persönlich zupfe selbst bissfeste Sorten wie Romana oder Eisberg in mundgerechte Stücke und verarbeite auch sonst die meisten Salate mit den Händen – die Form der Blätter bleibt so natürlicher und wirkt lebendiger.

Rucola

Romana-Salat

Spinat

Tomaten
Büffelmozzarella
Basilikum
Pesto
Vinaigrette
Balsamico

# Caprese-Türmchen

1

2

3

4

5

6

*Zubereitungszeit: 15 Minuten*

## Zutaten für 4 Personen

**4** große reife Tomaten
**250 g** Büffelmozzarella
Salz

**2 EL** Balsamico-Reduktion
*(siehe Seite 10)*
**2 Stiele** Basilikum
**1 EL** Vinaigrette
*(siehe Seite 99)*
**3 EL** Pesto
*(siehe Seite 101)*
Pfeffer
frittiertes Basilikum
*(siehe Seite 28)*

## Zubereitung

**Tomaten** waschen und den Stielansatz entfernen. Anschließend die Tomaten und den **Mozzarella** in gleich dicke Scheiben scheiden.* Mit etwas **Salz** würzen.

## Anrichten

Streichen Sie mit einem Pinsel etwas cremigen **Balsamico** auf den Teller. Daneben setzen Sie einige Tupfen Balsamico, die Sie mit einem Zahnstocher durchziehen. Stapeln Sie nun Tomaten- und Mozzarellascheiben im Wechsel übereinander und legen jeweils einige Blätter **Basilikum** dazwischen.** Mischen Sie die **Vinaigrette** mit dem **Pesto** und träufeln die Soße dezent um die Tomaten-Mozzarella-Türmchen. Um dieses kleine Kunstwerk zu vollenden, mahlen Sie noch etwas frischen **Pfeffer** darüber und dekorieren die Türmchen mit **frittiertem Basilikum**.

## Tipps

* Achten Sie bereits beim Einkauf darauf, dass Tomaten und Büffelmozzarella ungefähr die gleiche Größe haben. Verwenden Sie möglichst nur Mozzarella aus Büffelmilch, denn im Gegensatz zu anderen Sorten hat er einen ausgeprägten Geschmack und ein zartes, süßsaures Aroma.

** Besonders raffiniert wird diese kleine Stapelei, wenn Sie als zusätzliches Deko-Element eine gelbe Tomate verwenden.

# Sommerlicher Romana-Salat-Fächer mit Früchten und Orangen-Parmesan-Dressing

Romana-Salat
Melone
Erdbeeren
Orangen
Himbeeren
Schnittlauch
Parmesan

# Sommerlicher Romana-Salat-Fächer mit Früchten und Orangen-Parmesan-Dressing
*Zubereitungszeit: 25 Minuten*

## Zutaten für 4 Portionen

**2** kleine Romana-Salate
**¼** Baguette
Olivenöl *(zum Braten)*
Salz
Pfeffer
**½** Melone
*(Cantaloup oder Charentais)*
**100 g** Erdbeeren
**2** Orangen
**100 g** Himbeeren
**4 EL** Weißweinessig
**12 EL** Olivenöl
**3 EL** Schnittlauchröllchen
**8 EL** Orangendressing
*(siehe Seite 100)*
**3 EL** Parmesan
*(fein gerieben)*

## Zubereitung

Mit dem Messer die **Salate** vierteln, waschen, gut abtrocknen. Danach den Strunk entfernen.

Das **Baguette** in kleine Stücke reißen oder schneiden, in **Olivenöl** knusprig ausbacken, mit **Salz** und **Pfeffer** abschmecken, auf Küchenpapier ruhen lassen.

Die **Melone** schälen, entkernen und mit dem Sparschäler in Streifen schneiden. Die **Erdbeeren** waschen und putzen.* Die **Orangen** filetieren. **Himbeeren** verlesen.

**Weißweinessig** mit 80 ml Wasser vermengen, salzen und pfeffern. Das **Olivenöl** in dünnem Strahl hinzugießen und alles gründlich vermischen.**

Früchte, Brot und **Schnittlauch** darin kurz schwenken. In einer Schüssel das **Orangendressing** mit dem **Parmesan** mischen und die Frucht-Brot-Mischung damit marinieren.

## Anrichten

Legen Sie die Romana-Blätter gefächert nebeneinander und platzieren Sie die Früchte und Brotstücke auf dem Salat. Beträufeln – der Profi spricht hier von „nappieren" – Sie die Salatblätter mit dem restlichen Orangendressing. Der krönende Abschluss: Verzieren Sie den Salat mit einigen essbaren Blüten. Und jetzt bloß nicht länger warten, sondern sofort genießen!***

## Tipps

* Entfernen Sie erst nach dem Waschen das Grün von den Erdbeeren. So läuft beim Waschen keine Flüssigkeit in die Früchte und verwässert den Geschmack.

** Fügen Sie bei Salatsoßen immer zuerst die Gewürze dem Essig bei, bevor Sie das Öl hinzugießen. Nur auf diese Weise können sich Salz und Zucker auch auflösen und ihre volle Würze entfalten.

*** Übrigens können Sie aus jedem einfachen Blattsalat einen Augenschmaus zaubern. Richten Sie den Salat beispielsweise als prachtvolles Bouquet an: Formen Sie aus den Blättern einen Strauß, ziehen ihn durch ein wenig Vinaigrette und stellen ihn auf den Teller. Ihr Bouquet bleibt nicht stehen? Machen Sie es einfach wie die Profis: Schneiden Sie eine Salatgurke in ca. 1 cm dicke Scheiben und entfernen Sie das Fruchtfleisch so, dass ein Gurkenring entsteht. Den Salat darin platzieren – fertig!

# Gemischter Salat mit Feigen und Ananas in selbst gemachter Eisschale

Kräuter und Blüten

gemischter Salat

Feigen

Salatgurke

Kirschtomaten

kandierte Ananas

Vinaigrette

1

2

3

4

5

6

# Gemischter Salat mit Feigen und Ananas in selbst gemachter Eisschale

*Zubereitungszeit: 25 Minuten (12 Stunden Gefrierzeit)*

## Zutaten für 4 Portionen

*Für die Eisschale*

**2** Schüsseln
(die ineinanderpassen)
Kräuter und Blüten

*Für den Salat*

**250 g** gemischte Salatblätter
(Lollo bianco, roter Mangold,
Eichblatt, Radicchio und Frisée)

**4** Feigen
**12** Kirschtomaten
**100 g** Salatgurke
**8 EL** Vinaigrette
*(siehe Seite 99)*

**4** kandierte Ananas
*(siehe Seite 36)*
Waldmeister (zum Garnieren)

## Zubereitung

Die größere Schüssel 1 cm hoch mit Wasser füllen, einige **Kräuter** und **Blüten** auf den Boden legen und über Nacht gefrieren lassen.* Die kleinere Schüssel nun in die große setzen und mit einem Gewicht beschweren. Wasser bis zum Rand füllen. Die beiden Schüsseln erneut einfrieren.

Um die Eisschale zu lösen, lassen Sie sie unter kaltem Wasser antauen. Um Ihre Speisen nicht zu verwässern, platzieren Sie am besten eine passende Glasschale in der Eisschale.

Die **Salate** in mundgerechte Stücke zupfen, im kalten Wasserbad waschen und mit der Salatschleuder trocknen.** **Feigen** und **Kirschtomaten** mit einem scharfen Messer vierteln. Die **Gurke** waschen und in Scheiben schneiden.

## Anrichten

Marinieren Sie den Salat mit der **Vinaigrette** und setzen ihn in die Glasschale. Dekorieren Sie ihn mit **kandierter Ananas** und **Waldmeister** – eine erfrischend knackige Kreation, die nicht nur im Sommer für Ahs! und Ohs! bei Ihren Gästen sorgen wird.***

## Tipps

* Zwischen die Seitenwände können Sie beispielsweise auch Blüten und Kräuter oder sogar Fruchtschalen legen.

** Achten Sie darauf, dass der Anteil bitterer Salatsorten nicht zu groß ist. Ein gutes Verhältnis ist hier erfahrungsgemäß ein Drittel eher bittere auf zwei Drittel andere Sorten.

*** Legen Sie unter die Schale eine Serviette – so rutscht Ihr eiskaltes Kunstwerk nicht hin und her.

# Bunter Spargelsalat mit Lachs und Apfel-Meerrettich-Kruste

Spargel

Lachsfilet

Weißbrot

Meerrettich

Apfel

Ei

Möhren

Zucchini

# Bunter Spargelsalat mit Lachs und Apfel-Meerrettich-Kruste

*Zubereitungszeit: 50 Minuten*

## Zutaten für 4 Portionen

**50 g** weiche Butter

**2 EL** frisch geriebener Meerrettich

**½** geriebener Apfel (Boskop)

**1 Bund** Dill

**60 g** frisch geriebenes Weißbrot (ohne Rinde)

Salz

**450 g** Lachsfilet (ohne Haut)

**1** Ei

**500 g** grüner Spargel

**500 g** weißer Spargel

Zucker

**50 g** Möhren (gewürfelt)

**50 g** Zucchini (gewürfelt)

**8 EL** Vinaigrette (siehe Seite 99)

**3 EL** Schnittlauchröllchen

Dill (zum Garnieren)

Pfeffer

frittierte Glasnudeln (siehe Seite 31)

## Zubereitung

Den Backofen auf 190 Grad Oberhitze vorheizen.

Die **Butter** mit **Meerrettich**, **Apfel**, **Dillspitzen** und dem **Weißbrot** vermischen, mit **Salz** abschmecken. Die **Lachsfilets** damit ca. 5 mm dick einstreichen.

**Ei** hart kochen und anschließend klein hacken.*

Den **Spargel** schälen und in stark gewürztem **Zucker**-Salz-Wasser bissfest garen. Anschließend **Zucchini**- und **Möhren**würfel in Salzwasser blanchieren.

Die Spargelstangen jeweils schräg dritteln. Den Lachs im Backofen knusprig überbacken; innen sollte das Filet noch glasig rosa sein.**

Die **Vinaigrette** mit den Zucchini- und Möhrenwürfeln und dem **Schnittlauch** in einer Schüssel mischen. Die Spargelstücke darin marinieren.

## Tipps

* Am besten hacken Sie das Ei auf einer Lage Pergamentpapier, denn gekochtes Eiweiß nimmt leicht die Gerüche und Farben von anderen Lebensmitteln an.

** Stechen Sie eine Metallnadel in die dickste Stelle und halten sich diese nach 10 Sekunden an die Oberlippe. Die Nadel muss gerade warm sein, dann haben Sie ein glasiges Ergebnis erzielt. Diese Methode funktioniert übrigens auch bei Fleisch.

## Anrichten

Legen Sie die Spargelstücke zuerst in Form eines
Dreiecks, anschließend die nächsten darüber –
mich erinnert das ein wenig an einen Mikado-
haufen. Mischen Sie die restliche Vinaigrette erst
jetzt mit dem gehackten Ei und nappieren Sie den
Spargel damit. ***

Schneiden Sie das Lachsfilet mit einem scharfen
Messer in 4 Portionen. Setzen Sie jeweils 1 Stück
Lachs auf den Spargel und garnieren Sie alles
mit **Dill**, **Pfeffer** und **frittierten Glasnudeln**.

## Tipp

*** Fügen Sie das Ei erst
zum Schluss bei, da das
Eigelb sonst matschig wird
und unappetitlich aussieht.

# Marinierte Rinderfiletscheiben mit Sesam und Grissini

Rinderfilet

Kräuter

Zitronensaft

Sesam

Rucola

Friséesalat

Radicchio

Mangoldblätter

# Marinierte Rinderfiletscheiben mit Sesam und Grissini

*Zubereitungszeit: 30 Minuten (1 Stunde Gefrierzeit)*

## Zutaten für 4 Portionen

**1 Handvoll** frische Kräuter
(Petersilie, Kerbel, Basilikum,
Schnittlauch)

**60 g** Sesamsamen

**350 g** Rinderfilet

Salz

Pfeffer

**7–8 EL** Olivenöl

Saft von **1** Zitrone

**20 g** Rucola

**20 g** Friséesalat

**10 g** Radicchio

**10 g** rote Mangoldblätter

**2 EL** Vinaigrette
*(siehe Seite 99)*

Salatgurkenring
*(für die Salatdekoration)*

Grissini
*(siehe Seite 106)*

## Zubereitung

Die frischen **Kräuter** von den Stielen zupfen und fein schneiden. 50 g **Sesamsamen** in einer Pfanne ohne Fett braun rösten, abkühlen lassen und mit den Kräutern mischen.

Das **Rinderfilet** mit **Salz** und **Pfeffer** würzen, mit 5 EL **Olivenöl** und der Hälfte **Zitronensaft** einreiben und in der Kräuter-Sesam-Mischung wenden. Zuerst in Frischhaltefolie und dann in Alufolie einrollen.*

## Anrichten

Wickeln Sie das Rinderfilet aus den Folien und schneiden Sie es mit einem scharfen Messer dünn auf. Pinseln Sie kalte rechteckige Teller mit dem restlichen Olivenöl und dem restlichen Zitronensaft ein, darauf die Filetscheiben anrichten und mit 10 g Sesam bestreuen. Marinieren Sie die **Salatblätter** in der **Vinaigrette** und setzen Sie sie in einen **Salatgurkenring** – so erhalten Sie ein fantastisch aussehendes Salat-Bouquet. Jetzt noch **Grissini** dazulegen – fertig!

## Tipp

* Frieren Sie das Filet 30 Minuten ein, damit es sich besser dünn schneiden lässt.

# Vinaigrette oder Dressing?

So vielfältig die Auswahl bei Salaten, so unterschiedlich sind auch die Soßen. Die wohl am häufigsten verwendete Salatsoße ist eine Verbindung aus Essig und Öl – die Vinaigrette, die oft mit weiteren Zutaten verfeinert wird. Dressings auf Joghurt- oder Mayonnaise-Basis sind dickflüssiger und auch voluminöser als die feine Vinaigrette.

Aber der Vielfalt sind auch Grenzen gesetzt, denn nicht jeder Salat harmoniert mit jeder beliebigen Soße. Ein knackiger Eisbergsalat mariniert mit Vinaigrette beispielsweise wird niemals halten, was er verspricht. Denn er ist fest, hat einen kräftigen Biss und nimmt wenig Geschmack auf – Essig und Öl perlen an ihm ab wie Wassertropfen an der Fensterscheibe. Marinieren Sie Eisbergsalat hingegen mit einem cremigen Orangendressing, wird jedes Blatt von einer Schicht puren Geschmacks umhüllt.

Tipp: Verwenden Sie Dressings für die festen Salatsorten – dazu gehören Eisberg-, Glacial-, Romana-Salat oder Chicorée – und Vinaigretten für die übrigen Sorten.

Nun das **Öl** langsam hineinlaufen

# Vinaigrette

## Zutaten für 4 Portionen

**100 g** gewürfelte Zwiebel
**40 ml** Rotweinessig
**80 ml** Weißweinessig
**4 g** Salz
**25 g** Zucker
**2 EL** Senf
**150 ml** gut gewürzte Brühe
**250 ml** Olivenöl

## Zubereitung

Die **Zwiebel** in einer Küchenmaschine zu einem sehr feinen Püree mixen, dabei löffelweise **Rotwein-** und **Weißweinessig** zufügen. Das Püree in eine Schüssel umfüllen, mit **Salz** und **Zucker** kräftig würzen. Dann den **Senf** hinzufügen und so lange umrühren, bis er sich vollständig gelöst hat. Die **Brühe** aufkochen und noch heiß über die Zwiebel gießen. Alles mit einem Schneebesen kräftig aufschlagen. Das **Olivenöl** als letzte Zutat – das ist wichtig für die Konsistenz der Vinaigrette – unter ständigem Rühren einarbeiten.*

Die Vinaigrette im Kühlschrank auskühlen und 24 Stunden ziehen lassen. Vor dem Servieren in eine Flasche füllen und kräftig schütteln.

## Tipp

* Vinaigrette passt hervorragend zu allen Blatt- und Gemüsesalaten. Diese Grundzubereitung können Sie natürlich nach Belieben abwandeln. Verfeinern Sie die Vinaigrette beispielsweise mit Kräutern und Gewürzen, mit getrockneten Tomaten oder Kapern – und das ist nur ein Bruchteil der Möglichkeiten, die für immer wieder neue Geschmackserlebnisse sorgen.

# French Dressing

## Zutaten für 4 Portionen

**1** Eigelb
**100 g** Senf
**250 ml** Rapsöl
**150 g** saure Sahne
Saft von **½** Zitrone
**50 g** Puderzucker
**3 g** Salz
**100 ml** Brühe

## Zubereitung

Das **Eigelb** mit 2 EL **Senf** in einer Küchenmaschine verrühren. Nun das **Öl** langsam hineinlaufen lassen, bis sich eine feste Mayonnaise gebildet hat. Die Küchenmaschine ausschalten, restlichen Senf, **saure Sahne**, **Zitronensaft**, **Puderzucker** und **Salz** zufügen und alles vermengen. Abschließend langsam die **Brühe** zugießen, bis die gewünschte Konsistenz erreicht ist – fertig ist ein wunderbar cremiges Dressing, das perfekt zu festen Salatsorten passt, die mit Früchten oder gebratenem Fleisch kombiniert werden.

# Balsamico-Soße

## Zutaten für 4 Portionen

**45 ml** Balsamico-Essig
**3 g** Salz
**25 g** Zucker
**25 g** Senf
Pfeffer
**200 ml** Rapsöl
**150 ml** Brühe

## Zubereitung

Den **Balsamico** mit **Salz** und **Zucker** verrühren, den **Senf** hinzufügen, kräftig mit **Pfeffer** würzen. Das **Rapsöl** in einem dünnen Strahl kräftig unterschlagen, bis eine sämige Soße entsteht.* Dann mit der **Brühe** verdünnen und kalt stellen. Vor dem Servieren in eine Flasche füllen und kräftig schütteln.

## Tipp

* Verwenden Sie die Soße zu Salaten oder löschen Sie damit kross gebratenes Geflügel in der Pfanne ab; das Aroma verleiht dem Fleisch eine dezent süße Note.
Übrigens ist das Besondere am Balsamico-Essig die Herstellung: Der echte wird aus der weißen Trebbiano-Traube hergestellt. Seine typische dunkle Färbung und das unnachahmliche Aroma erhält der Balsamico erst durch das Einkochen des Traubenmostes und die lange Lagerung in Eichenfässern.

# Orangendressing

## Zutaten für 4 Portionen

Schale von **1** Orange
**15 g** Zucker
**350 ml** Orangensaft
(frisch gepresst)
**1 TL** Speisestärke
**150 g** saure Sahne
Zitronensaft
Zucker
**2 g** Salz

## Zubereitung

**Orangenschale** sehr fein hacken. Einen kleinen Topf auf den Herd stellen, den Boden gleichmäßig mit dem **Zucker** bestreuen und langsam erhitzen, bis der Zucker schmilzt und sich heller Karamell bildet.*

Karamell mit **Orangensaft** ablöschen, Orangenschale zufügen und kochen, bis sich der Zucker gelöst hat. Den Orangensaft 2 Minuten einkochen lassen. **Speisestärke** in 2 EL Wasser auflösen und den Saft damit zähflüssig binden. Durch ein feines Sieb passieren, das Fruchtfleisch ausdrücken und den Saft auskühlen lassen. Danach **saure Sahne** und Orangensaft mischen und mit etwas **Zitronensaft**, **Zucker** und **Salz** abschmecken.**

## Tipps

* Rühren Sie dabei niemals im Topf, da der Zucker sonst kristallisiert.

** Dieses Dressing lässt Sie auch im Winter an den Sommer denken. Es ist superlecker zu allen Salatsorten und sogar zu Vorspeisen.

## Zutaten für 4 Portionen

**100 g** Basilikumblätter
**200 ml** Olivenöl
**30 g** Pinienkerne (geröstet)
**1** Knoblauchzehe (fein gehackt)
**50 g** Parmesan (frisch gerieben)
Salz

## Zubereitung

**Basilikumblätter** in kaltes Wasser legen, waschen und gründlich auf Küchenpapier abtropfen lassen.

Basilikumblätter, **Olivenöl**, geröstete **Pinienkerne** und den fein gehackten **Knoblauch** in eine Küchenmaschine geben und zu einer feinen Paste mixen.* Den fein geriebenen **Parmesan** unterrühren und, falls nötig, mit **Salz** würzen – fertig ist das Pesto.

## Tipp

* Kleiner Trick, große Wirkung: Stellen Sie das Olivenöl vor der Verwendung für eine Stunde in den Tiefkühler. Damit wirken Sie der großen Reibungshitze in der Küchenmaschine entgegen und Ihr Pesto behält seine leuchtend grüne Farbe. Und ich persönlich gebe auch nur etwa zwei Drittel der Pinienkerne mit in die Maschine. Den Rest füge ich erst ganz zum Schluss hinzu – so hat mein Pesto knackige Kerne als Einlage.

Vinaigrette

Balsamico-Soße

French Dressing

Orangendressing

Pesto

# Brote und Teige

Wer kennt nicht den wunderbaren Duft von frisch gebackenem Brot? Es gibt wohl kaum einen ursprünglicheren und elementareren Genuss als den Duft und den Verzehr von frisch gebackenem Brot. Außen knusprig und kross, innen locker – so präsentiert sich das perfekte Brot, dem wohl kaum jemand widerstehen kann.

Brot gibt es in unzähligen Varianten. Und Zutaten wie Zwiebeln, Kürbiskerne, Nüsse, Körner und diverse Gewürze sorgen für eine unglaubliche Vielfalt. Vier meiner leckersten Brotrezepte verrate ich Ihnen, probieren Sie sie aus – und Sie werden bald überzeugt sein: Selbst gebackenes frisches Brot ist ein Renner, der auch bei Ihren Gästen sehr gut ankommt.

Nussbrot

Olivenbrot

# Brioche

*Zubereitungszeit: 60 Minuten (45 Minuten Ruhezeit)*

## Zutaten für 4 Portionen

*Für den Vorteig*

**100 g** Mehl
**40 g** Zucker
**42 g** frische Hefe
**100 ml** lauwarme Milch

*Für den Teig*

**400 g** Mehl
**6** Eigelb
**8 g** Salz
**125 g** weiche Butter
**ca. 50 ml** lauwarme Milch
**2 cl** Rum

## Zubereitung

Den Backofen auf 180 Grad vorheizen.

Für den Vorteig **Mehl** sieben und mit dem **Zucker** mischen. **Hefe** hineinbröseln und mit der lauwarmen **Milch** mischen. Den Vorteig 30 Minuten gehen lassen.

Für den restlichen Teig das **Mehl** sieben und mit **Eigelben**, **Salz**, **Butter**, **Milch** und **Rum** zu einem glatten Teig verkneten. Nach 30 Minuten unter den Vorteig arbeiten.

Kleine Kugeln aus dem Teig drehen und mit der Hand auf der Arbeitsfläche glatt formen. Die Brötchen auf ein Backblech setzen und vor dem Backen nochmals 15 Minuten gehen lassen, danach 15–20 Minuten backen.

1

2

# Olivenbrot

*Zubereitungszeit: 60 Minuten (30 Minuten Ruhezeit)*

## Zutaten für 4 Portionen

**500 g** Mehl
**20 g** Hefe
**15 g** Meersalz
**50 ml** Olivenöl
**100 g** gehackte Oliven
(ohne Steine)
Butter (zum Einfetten)
Mehl (zum Bestäuben)

## Zubereitung

Den Backofen auf 220 Grad vorheizen.

Das **Mehl** in eine Schüssel sieben, in die Mitte eine kleine Mulde drücken und die **Hefe** hineinbröseln. Mit 8 EL lauwarmem Wasser füllen und die Hefe darin auflösen. **Olivenöl**, **Oliven**, **Salz** und ca. 350 ml Wasser hinzufügen, alle Zutaten zu einem weichen Teig verrühren. Zugedeckt ca. 30 Minuten gehen lassen.

In der Zwischenzeit eine Kasten- oder Brotform mit **Butter** fetten und mit **Mehl** bestäuben. Den Teig kurz durchkneten, in die Form füllen und nochmals 20 Minuten gehen lassen. Dann das Brot backen. Nach ca. 15 Minuten die Hitze auf 180 Grad reduzieren und weitere 40 Minuten backen. Das Brot aus der Form stürzen und umgedreht nochmals 10 Minuten backen.

**Tipp:** Das Bild rechts zeigt die maximale Füllhöhe der Backform, damit der Teig beim Backen nicht über den Rand hinausquillt.

# Hausgemachte Grissini
*Zubereitungszeit: 45 Minuten (45 Minuten Ruhezeit)*

## Zutaten für 4 Portionen

**500 g** Mehl
**15 g** Salz
**42 g** frische Hefe
**115 ml** Olivenöl

## Zubereitung

Den Backofen auf 190 Grad vorheizen.

Das **Mehl** mit dem **Salz** in eine Schüssel sieben, in die Mitte eine kleine Mulde drücken, die **Hefe** dort hineinbröseln und 1–2 EL lauwarmes Wasser einfüllen, bis sich die Hefe gelöst hat. Alles verkneten, nach und nach ca. 180 ml lauwarmes Wasser und **Olivenöl** untermengen, sodass ein geschmeidiger Teig entsteht.

Den Teig an einem warmen Ort zugedeckt 30 Minuten ruhen lassen und nochmals kurz durchkneten. Anschließend auf einer bemehlten Arbeitsfläche rechteckig ausrollen, die Seiten einschlagen und andrücken. Mit einem Messer dünne Streifen abschneiden und zu langen Grissini rollen und ziehen. Auf Backbleche verteilen, dort 15 Minuten gehen lassen und dann 10 Minuten backen.*

## Tipp

* Versuchen Sie auch mal diese Variante: Die ausgerollten Grissini mit etwas Olivenöl bestreichen und mit Sesam bestreuen, dann 10 Minuten backen – ein leckerer Knabber- und Dekospaß für den nächsten Asienabend.

1

2

*Zubereitungszeit: 75 Minuten*

## Zutaten für 4 Portionen

**650 g** Weizenmehl
**650 g** Roggenmehl
**50 g** Salz
**90 g** Hefe
**560 ml** Milch
**190 ml** Sahne
**75 g** Zucker
**150 g** weiche Butter
**150 g** Rumrosinen
**150 g** Walnusskerne
(grob gehackt)
**4–5** Eier

## Zubereitung

Den Backofen auf 180 Grad vorheizen.

**Mehle** mit dem **Salz** in eine Schüssel sieben, in die Mitte eine kleine Mulde drücken, **Hefe** darin zerbröseln, mit etwas lauwarmer **Milch** auffüllen und alles 5 Minuten gehen lassen.

Die restliche Milch mit **Sahne**, **Zucker** und **Butter** vermengen. **Rosinen**, **Walnüsse** und **Eier** unterkneten, bis ein geschmeidiger Teig entsteht. Aus dem Teig 1–2 Brote formen, diese 20 Minuten gehen lassen und anschließend 45 Minuten backen.

3

4

# Terrinen und Gelees

## Durchblick macht an – im Glas oder gestürzt

Bereits im 15. Jahrhundert waren Terrinen und Gelees der Höhepunkt eines jeden Festmahls – besonders in Frankreich wurde diese Art der Zubereitung regelrecht zelebriert. Aber auch hierzulande werden Terrinen und Gelees häufig zu besonderen Anlässen serviert. Sie gelten als unangefochtene Hauptdarsteller unter den edlen Vorspeisen, denn ihnen haftet immer noch ein Hauch von Exklusivität und Luxus an – wer sie genießt, fühlt sich schnell wie Gott in Frankreich.

Keine Frage: Die Herstellung von Terrinen und Gelees ist anspruchsvoll und zeitaufwendig. Da verwundert es nicht, dass sich viele Hobbyköche nicht an die Zubereitung dieser köstlichen Kunstwerke herantrauen. Dennoch lohnt sich der Aufwand, denn

das Ergebnis sind Gerichte, die einen hohen geschmacklichen und optischen Wert haben und zu jedem Anlass passen.

Mit den folgenden Rezepten möchte ich Sie gern davon überzeugen, dass es gar nicht so schwer ist, Terrinen und Gelees zuzubereiten. Und mit den Tricks und Tipps, die ich Ihnen gebe, werden Sie sie bald nicht nur zu Festtagen, sondern auch im Alltag für Ihre Lieben auf den Tisch zaubern.

PS: Terrinen und Gelees eignen sich hervorragend für die Gästebewirtung, denn sie lassen sich wunderbar bereits einen Tag vorher zubereiten – und Sie können am nächsten Tag vollkommen entspannt Ihre Gäste mit Ihren Kreationen beeindrucken.

# Garnelensülze im Glas

Fischfond
Möhren
Sellerie
Wildspargel
Safran
Zitrone
Garnelen

# Garnelensülze im Glas

*Zubereitungszeit: 70 Minuten (4–5 Stunden Kühlzeit)*

## Zutaten für 4 Portionen

**6 Blatt** Gelatine
**80 g** Möhrenwürfel
**80 g** Selleriewürfel
**50 g** Wildspargel
**500 ml** Fischfond
**3–4** Safranfäden
Saft von **1** Zitrone
Salz
**200 g** kleine Garnelen
Olivenöl (zum Braten)
**2 EL** Dillspitzen
**2 Stiele** Kerbel

frittierte Glasnudeln
*(siehe Seite 31)*
frische Kräuter
Curryhippen
*(siehe Seite 41)*
Brioche
*(siehe Seite 104)*

## Zubereitung

Als Erstes die **Gelatine** 10 Minuten in kaltem Wasser einweichen. Die **Gemüse** blanchieren und abschrecken, abtropfen lassen. Den **Fischfond** mit dem **Safran** aufkochen, mit **Zitronensaft** und **Salz** kräftig würzen.* Die Gelatine ausdrücken und in dem heißen Fond auflösen.

Die **Garnelen** entdarmen, salzen und in **Olivenöl** von allen Seiten anbraten.**

Die Garnelen auskühlen lassen und gegebenenfalls mit einem scharfen Messer halbieren.

Den Fischfond nun 1 cm hoch in gekühlte Gläser einfüllen. Gemüsewürfel, Wildspargel, **Dillspitzen**, **Kerbelblättchen** und Garnelen – pro Glas sollten es 4–6 Stück sein – hineinlegen und warten, bis der Fond aushärtet.*** Den Vorgang wiederholen, bis die Gläser randvoll gefüllt sind. Das Gelee bis zum Servieren kalt stellen.

## Tipps

* Den Fischfond können Sie selbst herstellen oder – gerade wenn es schnell gehen soll – auch einfach im Supermarkt kaufen.

** Ein einfacher Test, um die gewünschte glasige Beschaffenheit zu prüfen: Stechen Sie eine Metallnadel für 1 Sekunde in die dickste Stelle und halten Sie anschließend die Nadel an die Oberlippe. Die Nadel muss gerade warm sein, dann sind die Garnelen genau richtig.

*** Um das Aushärten des Gelees zu beschleunigen, stelle ich die Gläser nach dem Einfüllen jeder Schicht für 5 Minuten in den Tiefkühler.

## Anrichten

Setzen Sie die Gläser auf kleine Teller und garnieren Sie sie mit einigen **frittierten Glasnudeln**, **frischen Kräutern** oder **Curryhippen**. Servieren Sie dazu frische **Brioche**.

## Tipp

Es müssen übrigens nicht immer Garnelen sein, auch mit frischem Thunfisch ist diese Sülze ein kulinarisches Gedicht. Achten Sie nur darauf, dass der Fisch in der Mitte noch glasig ist. Auch hier funktioniert der Metallnadeltest: Nadel für 1 Sekunde in die dickste Stelle stechen, anschließend an die Oberlippe halten. Ist die Nadel gerade noch warm, dann ist der Thunfisch genau richtig.

# Kartoffel-Waldpilz-Terrine

Kartoffeln
Waldpilze
Kalbsfond
Portwein
Chilischote
Schnittlauch
Vinaigrette

# Kartoffel-Waldpilz-Terrine

*Zubereitungszeit: 90 Minuten (4–5 Stunden Kühlzeit)*

## Zutaten für 4 Portionen

**500 ml** Kalbsfond
**50 ml** Portwein
Salz
**7 Blatt** Gelatine
**500 g** große Kartoffeln
**500 g** große Waldpilze
(Steinpilze, Austernpilze, Wiesenchampignons)
**8 EL** Olivenöl
**1–2** Chilischoten
**3 EL** Schnittlauchröllchen

**110 g** Salatblätter
(Mangold, Rucola, Spinat, Friséesalat)
**2 EL** Vinaigrette
*(siehe Seite 99)*
**einige** Schnittlauchhalme
(zum Dekorieren)

## Zubereitung

Den **Kalbsfond** aufkochen und um ein Drittel reduzieren, den **Portwein** zugießen und mit **Salz** kräftig würzen. Die **Gelatine** 10 Minuten in kaltem Wasser einweichen, ausdrücken und im heißen Kalbsfond auflösen. Zum Weiterverarbeiten muss der Fond kühl, aber noch flüssig sein.

Die **Kartoffeln** mit der Aufschnittmaschine 2 mm dick aufschneiden und in Salzwasser bissfest blanchieren. Die **Waldpilze** mit einem scharfen Messer in Scheiben schneiden. **Olivenöl** in einer beschichteten Pfanne erhitzen. Die **Chilischoten** darin leicht anbraten und anschließend entfernen. Nun die Pilze in der Pfanne kross anbraten und mit Salz abschmecken.

Eine Terrinenform mit Frischhaltefolie auslegen.*

Die Kartoffeln durch den Fond ziehen und im Wechsel mit den Waldpilzen in die Form schichten, bis diese komplett gefüllt ist. Zwischendurch immer etwas **Schnittlauch** einstreuen. Die fertige Terrine für einige Stunden kalt stellen.

## Anrichten

Stürzen Sie die Terrine auf ein Brett und schneiden Sie am besten mit einem Elektromesser jeweils 2 cm dicke Scheiben ab. Marinieren Sie die **Salatblätter** und verteilen Sie sie auf Tellern. Die Terrinenscheiben in die Mitte setzen und mit **Schnittlauchhalmen** dekorieren.**

## Tipps

* Das Auslegen klappt am besten, wenn Sie ein großes Stück Folie in die Form legen und diese dann mit Wasser füllen. Auf diese Weise passt sich die Folie automatisch der Terrinenform an. Und natürlich nicht vergessen: das Wasser wieder auskippen.

** Dazu schmeckt eine getrüffelte Mayonnaise.

Porree
Paprika
Zucchini
Aubergine
Tête de Moin
Oliven
Pesto

# Gemüseterrine mit Oliven und Tête de Moin

# Gemüseterrine mit Oliven und Tête de Moin

*Zubereitungszeit: 60 Minuten (4–5 Stunden Kühlzeit)*

## Zutaten für 4 Portionen

**1 Stange** Porree
**je 1** rote und gelbe Paprikaschote
**1** Zucchini
**1** Aubergine
**4–5 EL** Olivenöl
Salz
Pfeffer
**7 Blatt** Gelatine
**500 ml** Gemüsebrühe
Knoblauch
Thymian
Rosmarin

**12** Tête-de-Moin-Locken
*(siehe Seite 27)*
**12** grüne Oliven
**einige** Basilikumspitzen
**5 EL** Pesto
*(siehe Seite 101)*

## Zubereitung

Den Backofen auf 220 Grad vorheizen.

Den **Porree** der Länge nach halbieren und unter fließendem Wasser waschen, anschließend blanchieren und abschrecken. Die **Paprikaschoten** vierteln und mit der Hautseite nach oben im Backofen garen, bis die Haut schwarze Blasen wirft. Paprika häuten.*

**Zucchini** und **Aubergine** der Länge nach in 5 mm dicke Scheiben schneiden und in 3–4 EL **Olivenöl** anbraten. Mit **Salz** und **Pfeffer** abschmecken.

Die **Gelatine** in kaltem Wasser einweichen, die **Gemüsebrühe** mit dem **Knoblauch** und den **Kräutern** einmal aufkochen und um ein Drittel reduzieren. Knoblauch und Kräuter entfernen, die Gelatine ausdrücken und in der Brühe auflösen. Die Brühe mit **Salz** und **Pfeffer** stark würzen.

Eine Terrinenform mit Frischhaltefolie auslegen.**

Die Porreeblätter durch die Brühe ziehen und die Form damit auslegen, sodass die Enden überstehen. Das Gemüse abwechselnd in die Form schichten und mit der Brühe bestreichen. Die Porree-Enden über der Terrine zusammenklappen, Terrine einige Stunden kühl stellen.

## Tipps

* Legen Sie zum Abziehen der Haut die Paprika in eine Schüssel mit kaltem Wasser. So verbrennen Sie sich dabei nicht!

** Das Auslegen klappt am besten, wenn Sie ein großes Stück Folie in die Form legen und diese dann mit Wasser füllen. Auf diese Weise passt sich die Folie automatisch der Terrinenform an. Und natürlich nicht vergessen: das Wasser wieder auskippen!

1

2

3

## Anrichten

Schneiden Sie die Terrine am besten mit einem Elektromesser in 2 cm dicke Scheiben. Stellen Sie diese auf Teller und drapieren **Tête-de-Moin-Locken** darauf. Ebenso einige **Oliven** und **Basilikumspitzen** darauf verteilen. Das **Pesto** mit dem restlichen **Olivenöl** verrühren und auf die Teller träufeln.

# Fingerfood

## Kulinarische Köstlichkeiten im Miniformat

Sie wollen Ihren Gästen einmal etwas ganz Besonderes bieten, aber die Geschmäcker sind so verschieden – der eine ist Vegetarier, die andere isst keinen Fisch, der Nächste mag es handfest und deftig? Dann verabschieden Sie sich am besten gedanklich von einer festen Speisenfolge, der „mutigen" Entscheidung Brust oder Keule und von einer perfekt dekorierten Tafel mit Servietten und Silberbesteck: Greifen Sie zu Fingerfood, denn da ist für jeden Geschmack garantiert etwas dabei.

Fingerfood – das sind appetitliche, kleine und vielseitige Köstlichkeiten aus aller Herren Küchen, die nicht nur kulinarisch überzeugen, sondern die Geschmackssinne um einen weiteren ergänzen: das

Auge! Fingerfood gewinnt jedoch nicht nur kulinarisch und optisch, auch Sie als Gastgeber kommen in den Genuss vieler Vorteile: Ihr Buffet ist reichhaltig und abwechslungsreich, niemand muss lange auf die Speisen warten, alle können sich ungezwungen bedienen, schnell und unkompliziert mit anderen ins Gespräch kommen – und Sie können sich in Ruhe Ihren Gästen widmen, denn Fingerfood lässt sich problemlos vorbereiten.

Übrigens: Ein Fingerfood-Buffet können Sie ganz einfach in ein hippes Flying-Buffet verwandeln – wie im Schlaraffenland „fliegen" die Köstlichkeiten frisch und mundgerecht zu Ihren Gästen.

Tipp: Es gibt mittlerweile eine fast schon unüberschaubare Vielfalt an Snack-Schalen in allen Größen und Formen, damit Sie Ihre Häppchen auch optisch herausragend präsentieren können. Kleinere Schälchen für Dips, Etageren, Olivenboote oder Partylöffel mit eingerolltem Stiel runden das Angebot ab. Auch in niedrigen Gläsern oder Tassen können Sie Fingerfood perfekt in Szene setzen.

# Rote-Bete-Frischkäse-Crêpe auf Zuckerschoten

Mehl

Eier

Rote-Bete-Saft

Frischkäse

Limettensaft

Kräuter

Zuckerschoten

# Rote-Bete-Frischkäse-Crêpe auf Zuckerschoten

*Zubereitungszeit: 40 Minuten*

## Zutaten für 4 Portionen

**85 g** Mehl
**150 ml** Rote-Bete-Saft
**2** Eier
**20 ml** Olivenöl
Olivenöl (zum Ausbacken)
**250 g** Frischkäse
Saft von **1** Limette
frische Kräuter
(z. B. Petersilie, Minze)
Salz
Pfeffer
Zucker
**200 g** Zuckerschoten

**4 EL** Orangendressing
*(siehe Seite 100)*

## Zubereitung

Für den Crêpe-Teig das **Mehl** in den **Rote-Bete-Saft** sieben, die **Eier** hinzufügen und alles zu einem flüssigen glatten Teig verrühren.*

Das **Olivenöl** untermischen und den Teig 30 Minuten ruhen lassen. Eine beschichtete Pfanne mit etwas Olivenöl auspinseln und aus dem Teig 5–6 Crêpes backen.

**Frischkäse** mit **Limettensaft** und **Kräutern** glatt rühren, mit **Salz**, **Pfeffer** und 1 Prise **Zucker** abschmecken. Die **Zuckerschoten** blanchieren und abschrecken. Die Crêpes mit Frischkäse bestreichen und einrollen, in Frischhaltefolie wickeln und 1 Stunde kühl stellen.

## Anrichten

Setzen Sie die Zuckerschoten auf kleine Teller und nappieren diese mit dem **Orangendressing**. Schneiden Sie – am besten mit einem Elektromesser – jeweils 1 cm dicke Scheiben von den Crêpe-Rouladen ab und platzieren diese auf den Zuckerschoten.**

## Tipps

* Achten Sie beim Rühren darauf, dass der Teig nicht schäumt, denn jedes Bläschen verursacht beim Braten Löcher im Crêpe.

** Wenn Sie die Anzahl der Crêpe-Scheiben erhöhen, können Sie aus diesem Snack im Handumdrehen eine erlesene Vorspeise zaubern.

# Gefüllte Minikartoffeln mit getrüffeltem Rührei

Drillinge
Eier
Butter
frische Trüffel
Milch

# Gefüllte Minikartoffeln mit getrüffeltem Rührei

*Zubereitungszeit: 45 Minuten*

## Zutaten für 4 Portionen

**20** kleine Kartoffeln
(Drillinge)

Salz

*Für das getrüffelte Rührei*

**4** Eier

**20 ml** Mineralwasser
(mit Kohlensäure)

**20 g** Butter

frische Trüffel

**50 ml** kalte Milch

**einige** Schnittlauchhalme

## Zubereitung

Die **Drillinge** mit Schale kochen und anschließend auskühlen lassen. Mit einem scharfen Messer die Kartoffeln im oberen Viertel abschneiden und mit einem Kugelausstecher aushöhlen. Mit **Salz** von innen würzen.

Für das Rührei die **Eier** mit dem **Mineralwasser** aufschlagen und durch ein Sieb passieren. Die **Butter** in einer beschichteten Pfanne erhitzen, das Ei darin stocken lassen und etwas **Trüffel** darüberhobeln. Sobald das Rührei die gewünschte Konsistenz erreicht hat, die **Milch** zugießen.*

## Anrichten

Füllen Sie die Drillinge mit dem Rührei und verzieren Sie die Kartoffeln mit einigen **Schnittlauchhalmen**.

## Tipp

* Durch die kalte Milch wird der Garprozess unterbrochen und Sie erhalten ein besonders lockeres Rührei.

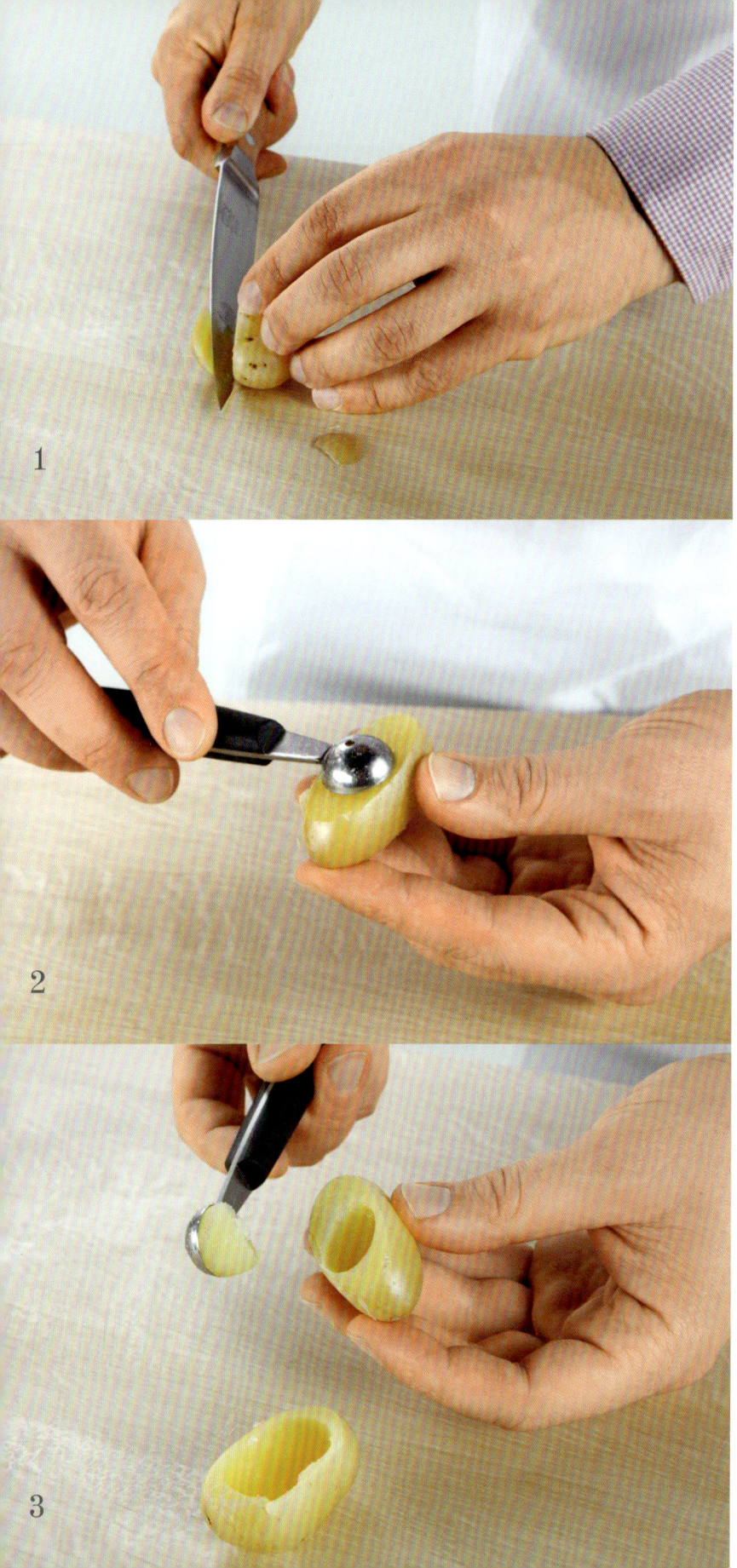

## Tipp

Natürlich können Sie auch andere Füllungen kreieren – beispielsweise Minikartoffeln gefüllt mit Sauerkraut und Speck oder Räucherlachs. Probieren Sie einfach verschiedene Varianten aus, Ihrer Fantasie sind dabei keine Grenzen gesetzt!

1

2

3

Hähnchenbrust
Zitronengras
Sweet-Chili-Soße
Kokosmilch
Honig
Koriandergrün
Erdnüsse
Ingwer
Limettensaft

# Zitronengrasspieße mit Koriander und Erdnussdip

# Zitronengrasspieße mit Koriander und Erdnussdip

*Zubereitungszeit: 50 Minuten*

## Zutaten für 4 Portionen

*Für die Zitronengrasspieße*

**400 g** Hähnchenbrustfilet
(ohne Haut)

**4 EL** Sweet-Chili-Soße

**2 EL** Mehl

**3 EL** Koriandergrün
(fein gehackt)

Salz

Cayennepfeffer

**10 Stangen** Zitronengras

*Für den Erdnussdip*

**150 g** Erdnusskerne

**1 cm** frischer Ingwer
(gerieben)

Saft von **1** Limette

**2 EL** Honig

**2 EL** Sojasoße

**150 ml** Kokosmilch

**40 g** frittierte Glasnudeln
(siehe Seite 31)

Kräuter
(zum Garnieren)

## Zubereitung

Den Backofen auf 200 Grad vorheizen.

**Hähnchenbrustfilet** mit **Sweet-Chili-Soße**, **Mehl** und **Koriander** im Küchenmixer fein pürieren. Die Masse mit **Salz** und **Cayennepfeffer** abschmecken. Die **Zitronengrasstangen** der Länge nach so halbieren, dass die Hälften am Wurzelende noch zusammenhalten. Die Geflügelmasse zu Kugeln formen, jeweils auf eine Zitronengrashälfte spießen und im Backofen 15 Minuten garen.

Für den Dip **Erdnüsse**, **Ingwer**, **Limettensaft**, **Honig** und **Sojasoße** in der Küchenmaschine mixen und etwas **Kokosmilch** zugießen, um die gewünschte Konsistenz zu erhalten.

## Anrichten

Füllen Sie etwas Dip in kleine Gläser und stellen Sie jeweils 1 Zitronengrasspieß hinein. Garnieren Sie das Ganze mit **frittierten Glasnudeln** und frischen **Kräutern**.

## Tipp

Mit angefeuchteten Händen lassen
sich die Kugeln besser formen.

# Lachspraline mit Gurke und Limettencreme

*Zubereitungszeit: 35 Minuten*

## Zutaten für 4 Portionen

**300 g** frischer Lachs
(als Streifen à 20 x 3 x 3 cm)

**3 EL** Olivenöl

Saft von **1** Limette

Salz

**½** Salatgurke

**100 g** Crème fraîche

Schale von **1** Limette

Zitronensaft

Pfeffer

**etwas** Forellenkaviar
(zum Garnieren)

## Zubereitung

Den **Lachs**streifen mit **Olivenöl** und **Limettensaft** einpinseln, mit **Salz** würzen. Ein Stück Frischhaltefolie auslegen, den Lachs darauflegen, einrollen und die Enden verdrehen. Nun in Alufolie einwickeln.

Einen passenden Topf mit Wasser füllen und zum Kochen bringen. Dann den Topf vom Herd nehmen, den eingerollten Lachs hineinlegen und mit 2 Gabeln beschweren, etwa 20 Minuten pochieren, dann auskühlen lassen.*

## Anrichten

Schneiden Sie die **Gurke** der Länge nach mit der Aufschnittmaschine 1 mm dick auf und die Streifen dann auf einer Höhe von 3,5 cm ab. Den **Lachs** auspacken und in 2,5 cm lange Stücke schneiden. Je 1 Lachsstück in einen Gurkenstreifen wickeln – die Gurke müsste einen Kragen von 0,5–1 cm bilden.

**Crème fraîche** mit der **Limettenschale** und einigen Spritzern **Zitronensaft** mischen, mit **Salz** und **Pfeffer** abschmecken.

Setzen Sie mit einem kleinen Löffel etwas Crème fraîche auf die Lachspraline und garnieren Sie abschließend mit **Forellenkaviar**.

*(Fotoanleitung auf den nächsten Seiten)*

## Tipp

* Im Inneren sollte die Lachspraline noch glasig sein.

7

8

9

10

11

12

# Garnelenspieße mit Zuckerschoten

Zuckerschoten

Garnelen

Knoblauch

Zitronenmayonnaise

# Garnelenspieße mit Zuckerschoten

*Zubereitungszeit: 15 Minuten*

## Zutaten für 4 Portionen

**20** Zuckerschoten
**2–3 EL** Olivenöl
**2** Knoblauchzehen
**20** geschälte Garnelen
**20** Holzspieße
**100 g** Zitronenmayonnaise
*(Rezept siehe unten)*

Knusperhaare
*(siehe Seite 34)*

*Für die Zitronenmayonnaise*
**2** Eigelb
**1 TL** Senf
**300 ml** Rapsöl
Salz
Zitronensaft

## Zubereitung

Die **Zuckerschoten** blanchieren und abschrecken. Eine Pfanne stark erhitzen, **Olivenöl** und angedrückte **Knoblauchzehen** hineingeben und den Knoblauch 30 Sekunden andünsten. Die entdarmten **Garnelen** zufügen und kräftig anbraten. Die Hitze reduzieren und die Garnelen fertig garen. Je 1 Garnele mit 1 Zuckerschote auf einen Holzspieß stecken.

Für die Mayonnaise **Eigelbe** mit dem **Senf** in einer sauberen Schüssel glatt rühren. **Öl** in dünnem Strahl unter ständigem Rühren hineinlaufen lassen, bis sich eine cremige Mayonnaise bildet.*

Abschließend die Mayonnaise mit **Salz** und **Zitronensaft** würzen.

## Tipp

* Damit Ihnen die Mayonnaise perfekt gelingt, achten Sie bitte darauf, dass Eier und Öl Zimmertemperatur haben.

## Anrichten

Stecken Sie die Spieße in ein mit **Knusperhaaren** gefülltes Weinglas und reichen die Zitronenmayonnaise extra dazu in kleinen Schälchen.

Roastbeef
Kartoffeln
Zucchini
Crème fraîche

# Roastbeef mit Senfcreme auf Zucchiniplätzchen

# Roastbeef mit Senfcreme auf Zucchiniplätzchen

*Zubereitungszeit: 50 Minuten*

## Zutaten für 4 Portionen

*Für die Zucchiniplätzchen*

**240 g** Kartoffeln
**2** Eigelb
**60 g** Mehl
**100 g** Zucchini
Salz
Pfeffer
Muskat
Olivenöl (zum Braten)

*Für die Senfcreme*

**50 g** Senf
**50 g** Crème fraîche
Zucker

Schnittlauchhalme
**16 Scheiben** Roastbeef
Rote-Bete-Julienne
(siehe Seite 23)

## Zubereitung

**Kartoffeln** schälen, weich kochen und durch eine Presse drücken. **Eigelbe** mit dem **Mehl** unterarbeiten. Die **Zucchini** grob raspeln, unter die Kartoffelmasse kneten und mit **Salz**, **Pfeffer** und **Muskat** würzen.*

Aus der Masse 16 kleine Kugeln formen, diese mit der Handfläche flach drücken und in **Olivenöl** goldgelb braten.

**Senf** und **Crème fraîche** mischen, mit Salz und **Zucker** abschmecken.

1

2

## Tipp

* Statt Zucchini können Sie
auch andere Gemüsesorten
wie zum Beispiel Möhren
verwenden.

## Anrichten

Legen Sie **Schnittlauchhalme** dekorativ auf
Teller. Bestreichen Sie die Zucchiniplätzchen
mit der Senfcreme und setzen Sie jeweils
1 Scheibe **Roastbeef** darauf. Das Ganze auf
dem Schnittlauch platzieren und abschließend
mit **Rote-Bete-Julienne** garnieren.

3

4

# Gefüllte Filokörbchen mit mediterranem Gemüse und Garnelen

Filoteig
Zucchini
Möhren
Maiskolben
Garnelen
Rosmarin
Galia-Melone
Honigmelone
Zitronenmayonnaise

1

2

3

# Gefüllte Filokörbchen mit mediterranem Gemüse und Garnelen

*Zubereitungszeit: 45 Minuten*

## Zutaten für 4 Portionen

**10** Minizucchini
**10** Minimöhren
**10** Minimaiskolben
**5** Garnelen
Olivenöl (zum Anbraten)
**2** Knoblauchzehen
**3** Zweige Rosmarin
Salz
Pfeffer
**200 g** Galia-Melone
**200 g** Honigmelone

**10** Filoteigkörbchen
*(siehe Seite 42)*
**200 g** Zitronenmayonnaise
*(siehe Seite 142)*

## Zubereitung

Das **Gemüse** waschen, putzen, je nach Größe halbieren oder vierteln, blanchieren und in Eiswasser abschrecken.*

Die **Garnelen** entdarmen, in **Olivenöl** kräftig anbraten. Den **Knoblauch** in Scheiben schneiden und mit dem **Rosmarin** zu den Garnelen geben. Zum Schluss das blanchierte Gemüse kurz mit in die Pfanne geben, mit **Salz** und **Pfeffer** abschmecken.

Mit einem Kugelausstecher Kugeln aus den **Melonen** schneiden.

## Anrichten

Füllen Sie die **Filoteigkörbchen** mit jeweils 2 TL **Zitronenmayonnaise** und setzen das **Gemüse** hinein. Die **Garnelen** mit den fruchtigen **Melonenkugeln** extra dazu servieren.**

## Tipps

* Lassen Sie bei den Möhrchen ruhig das Grün dran – so sieht das Gemüse noch viel schöner aus. Für besonders intensive und leuchtende Farben fügen Sie dem Blanchierwasser 1 TL Natron hinzu – Sie werden sehen, das Ergebnis bringt nicht nur Sie zum Strahlen!

** Sie können auch eine doppelte Portion Filoteigkörbchen machen. Dann füllen Sie ebenfalls etwas Zitronenmayonnaise ein und darauf die Garnelen und Melonenkugeln. Als Deko zu den Körbchen eignen sich auch Brunnenkresse, Lavendel und Kartoffelchips *(siehe Seite 28)*.

Bandnudeln
Wan-Tan-Blätter
Kartoffeln
Zitronensaft
Muskat
Pecorino
Crème fraîche

# Nudelsalat im Glas
# mit Pecorino-Wan-Tan

# Nudelsalat im Glas mit Pecorino-Wan-Tan
*Zubereitungszeit: 35 Minuten*

## Zutaten für 4 Portionen

*Für den Nudelsalat*
**150 g** feine Bandnudeln oder Spaghetti
**4 EL** Olivenöl
Saft von ½ Zitrone
Meersalz
Pfeffer

*Für die Pecorino-Wan-Tan*
**100 g** Kartoffeln
**30 g** weiche Butter
**30 g** Crème fraîche
Salz
Muskat
**30 g** geriebener Pecorino
**3 EL** Schnittlauchröllchen
**10** Wan-Tan-Blätter
½ Eiweiß
Öl (zum Ausbacken)

## Zubereitung

Die **Nudeln** in Salzwasser bissfest kochen und abschrecken. In einer Schüssel mit **Olivenöl** und **Zitronensaft** mischen. Mit grobem **Meersalz** und frischem **Pfeffer** würzen.

Für die Wan-Tans die **Kartoffeln** weich kochen und durchpressen oder stampfen. **Butter** und **Crème fraîche** zufügen, mit **Salz** und **Muskat** abschmecken. Nachdem die Masse etwas abgekühlt ist, **Pecorino** und **Schnittlauch** unterrühren.

Die **Wan-Tan-Blätter** auf der Arbeitsfläche auslegen. Jeweils 1 TL **Kartoffelmasse** mittig daraufsetzen. Die Ränder mit verquirltem **Eiweiß** bestreichen und diagonal zuklappen. Die fertigen Wan-Tans in heißem Fett ausbacken.

## Anrichten

Füllen Sie die Nudeln mit einer Fleischgabel in Gläser und setzen Sie auf jedes Glas einen Wan-Tan.*

1

2

3

## Tipp

* Nudeln lassen sich mit einer großen Fleischgabel wunderbar wickeln – dazu jeweils ein paar Nudeln aufrollen und mit der Handfläche beim Eindrehen fixieren. Für noch mehr Abwechslung und Raffinesse probieren Sie für diese kleine Köstlichkeit ruhig auch mehrfarbige Nudeln aus.

# Hausgemachte Schokopraline im Glas

Sahne
Butter
Schokolade
Vanille
Kuvertüre
Likör

# Hausgemachte Schokopraline im Glas

*Zubereitungszeit: 25 Minuten*

## Zutaten für 4 Portionen

**200 ml** Schlagsahne

**1** Vanilleschote

**200 g** dunkle Kuvertüre
(gehackt)

**100 g** Vollmilchschokolade
(gehackt)

**50 g** weiche Butter

**50 ml** Kaffeelikör
(oder ein anderer Likör,
z. B. Grand Manier)

**100 g** weiße Kuvertüre
(zum Garnieren)

## Zubereitung

Die **Sahne** mit dem Mark der **Vanilleschote** langsam erhitzen, zuerst **Kuvertüre** und **Schokolade**, dann die weiche **Butter** darin auflösen. **Kaffeelikör** hinzugießen.

## Anrichten

Die Masse etwas auskühlen lassen und in kleine Gläser füllen.*

## Tipp

* Für ein schönes Muster füge ich abschließend noch 1 TL flüssige weiße Kuvertüre ins Glas und verrühre sie mit der Trüffelmasse.

**Übrigens:** Die Trüffelpraline, die wegen ihrer rundlichen Form entfernt an den namensgebenden Pilz erinnert, weist geschmacklich nicht die geringste Verwandtschaft zum delikaten Trüffelpilz auf.

# Meringen mit Schokofüllung

Eiweiß

Zucker

Vanille

weiße Schokolade

Sahne

# Meringen mit Schokofüllung
*Zubereitungszeit: 60 Minuten*

## Zutaten für 4 Portionen

**2** Eiweiß
**135 g** Zucker
**½** Vanilleschote
**ein paar Tropfen** rote Lebensmittelfarbe
**50 g** weiße Schokolade
**10 ml** Schlagsahne oder Milch

## Zubereitung

Den Backofen auf 100 Grad vorheizen.

Das **Eiweiß** in eine saubere Schüssel geben und langsam aufschlagen.* Dabei nach und nach den **Zucker** einrieseln lassen und so lange schlagen, bis das Eiweiß steif und glänzend ist. Das Mark der **Vanilleschote** unterheben und mit ein paar Tropfen roter **Lebensmittelfarbe** einfärben.

Auf ein mit Backpapier belegtes Blech mit 2 Teelöffeln oder einem Spritzbeutel kleine Portionen Meringemasse setzen und dabei zwischen den einzelnen Meringen ca. 3 cm Abstand lassen. Die Meringen 40–45 Minuten backen. Aus dem Ofen nehmen und auf dem Backblech auskühlen lassen.

Die **Schokolade** temperieren *(siehe Seite 14)*, mit der **Sahne** mischen und etwas auskühlen lassen.

## Anrichten

Bestreichen Sie je 1 Meringe mit der Schokofüllung und setzen eine zweite darauf.**

## Tipps

\* Um schönen steifen Eischnee zu erhalten, müssen die Geräte und Behälter unbedingt sauber sein – am besten alles mit kaltem Wasser ausspülen und gut abtrocknen. Ganz wichtig: Im Eiweiß dürfen nicht die geringsten Eigelbspuren vorhanden sein. 1 Prise Salz oder einige Tropfen kaltes Wasser machen das Eiweiß besonders locker. Schlagen Sie das Eiweiß mehrere Minuten auf mittlerer Stufe. Erst wenn es richtig schäumt und viel Luft eingearbeitet ist, stellen Sie den Mixer auf die höchste Stufe, damit das Eiweiß fest wird.

\*\* Damit die Meringen beim Füllen perfekt stehen und nicht umkippen, setze ich sie mit ihrer Spitze in Zucker.

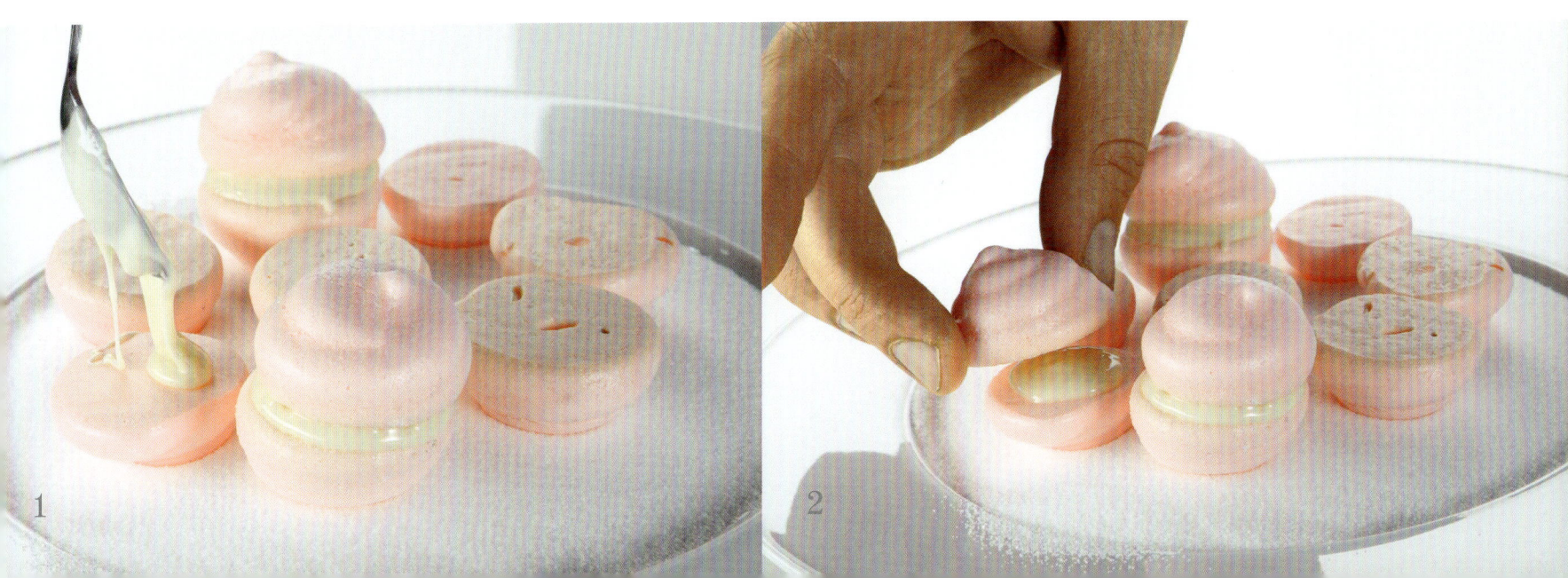

1
2

# Fingerfood-Klassiker

## 1. Tomaten-Mozzarella-Spieße

Stecken Sie abwechselnd Minimozzarella und Kirschtomaten auf Holzspieße und garnieren diese mit etwas Pesto und Basilikum.

**Tipp:** Spießen Sie auch mal gefüllte Tortellini auf – auch die passen wunderbar zu Tomaten. Oder beweisen Sie Mut und probieren Sie kleine Seezungenröllchen als Zitronengrasspieße.

## 2. Birne, Dattel & Co. im Speckmantel

Umwickeln Sie Feigen, Datteln, Birnenspalten, gekochte Drillinge oder Austern jeweils mit 1 Scheibe Frühstücksspeck. Im Ofen bei 180 Grad 10 Minuten garen und fertig sind die kleinen Appetizer.

**Tipp:** Zum Fixieren der Speckscheibe eignen sich Zahnstocher wunderbar!

## 3. Minisandwich – beispielsweise mit Tafelspitz und Kartoffel-Schnittlauch-Creme

Belegen Sie 1 Scheibe Toastbrot mit dünn geschnittenem Tafelspitz und bestreichen 1 weitere Scheibe mit Kartoffel-Schnittlauch-Creme. Beide Scheiben dann nur noch zusammenklappen und diagonal vierteln.

**Tipp:** Eine schnelle italienische Variante kreieren Sie, indem Sie das Toastbrot mit Parmaschinken, Rucola und Melone belegen. Ihrer Fantasie und Kreativität sind auch hier keine Grenzen gesetzt – wandeln Sie das Rezept immer wieder mit anderen Zutaten ab!

## 4. Gefüllte Gemüse mit Frischkäse und Nüssen

Gemüse wie Kirschtomaten, Radieschen oder Gurken lassen sich wunderbar aushöhlen. Füllen Sie Frischkäse mit Kräutern und Nüssen hinein – ein knackiges Vergnügen.

## 5. Apfelpfannküchlein mit Räucherlachs

Backen Sie Apfelscheiben in Pfannkuchenteig aus, belegen Sie diese entweder ganz edel mit Räucherlachs oder genießen die kleinen Taler einfach klassisch süß mit Puderzucker bestreut.

## 6. Crostini – mit Tomaten, Thunfisch oder, oder, oder

Schneiden Sie 1 Baguette in Scheiben und bestreichen diese dünn mit Olivenöl. Dann bei 180 Grad ca. 10 Minuten im Ofen knusprig backen und mit gewürfelten Tomaten, püriertem Thunfisch oder frischem Lachs und Crème fraîche belegen. Ihrer Fantasie sind keine Grenzen gesetzt.

## 7. Cappuccino-Suppen

Servieren Sie Ihre liebsten Suppenkreationen doch einfach mal in Cappuccino-Tassen! Die aufgeschäumte Milch darf dabei natürlich nicht fehlen. Das leckere Extra: Bestreuen Sie die Hauben mit frischen Kräutern, gemahlenem Muskat, gemahlenen getrockneten Pilzen oder Gewürzen.

**Tipp:** Mein Favorit ist übrigens ein Möhren-Cappuccino mit Kokosschaum und Chilipulver.

## 8. Blätterteigschnecken

Bestreichen Sie rechteckige Blätterteigplatten mit Tapenade, Tomaten-Pesto, Senf mit Honig oder süßer Marmelade und rollen die Seiten auf – das Ergebnis erinnert optisch an Schnecken oder auch an Schweinsöhrchen. Die Schnecken 15 Minuten einfrieren. Dann 5 mm dicke Scheiben abschneiden. Bei 200 Grad im Ofen gebacken, entstehen so schnelle Knabbereien.

**Tipp:** Tapenade stammt aus der südfranzösischen Küche und ist eine pikante Olivenpaste, die als Brotaufstrich oder Dip verwendet wird. Sie passt hervorragend zu Fisch- und Fleischgerichten. Dafür lassen Sie getrocknete Tomaten in Öl gut abtropfen, zerkleinern sie in einem Mixer oder in einem hohen Gefäß mit dem Pürierstab. Frischen Knoblauch, fein gehackte Thymianblätter und Rosmarinnadeln, kleine Kapern und Cayennepfeffer zufügen. Schwarze oder grüne Oliven entsteinen und zugeben. Olivenöl, frisch gemahlenen Pfeffer und Salz zufügen. Das Ganze pürieren und in ein Schälchen füllen.

## 9. Tempura-Variationen

Für Tempura-Teig 100 g Mehl, 1 Eigelb, 1 Prise Salz und 1 TL Backpulver zu einem glatten Teig mischen. Ziehen Sie Gemüse durch den Teig und backen Sie in heißem Fett folgende Variationen aus: blanchierte Brokkoliröschen, Blumenkohl, Spargelstangen, Bohnen, Möhren oder Frühlingszwiebeln. Genauso gut eignen sich Thunfisch- oder Lachswürfel, aber auch Garnelen und andere Meeresfrüchte.

**Tipp:** Verfeinern Sie Ihren Tempura-Teig mit frischen Kräutern, Sesamsamen oder Lieblingsgewürzen. Diese Genusshappen können Sie entweder in Gläsern, Muffin-Manschetten oder kleinen Pommestüten servieren.

# Desserts

## Süße Versprechen

Zart schmelzendes Eis, köstliche lockere Mousses, aromatische Fruchtkreationen oder verführerische Parfaits und Sorbets: Dem Zauber eines Desserts kann kaum jemand widerstehen – zum Ende eines Menüs fiebern alle diesem krönenden Abschluss entgegen und freuen sich auf die süße Versuchung, die bald ihren großen Auftritt haben wird.

Doch mit welchen Desserts gelingt Ihnen der glamouröse Auftritt? Wie können Sie sie geschmackvoll zubereiten und anspruchsvoll anrichten?

In diesem Kapitel erfahren Sie, wie Sie Ihren Kreationen im wahrsten Sinne des Wortes das Sahnehäubchen aufsetzen – für einen beeindruckenden Dessertzauber mit Sternenglanz. Folgen Sie mir auf eine kleine Reise in die Welt himmlischer Desserts, die ein Feuerwerk für alle Sinne bietet!

# Weiße Mousse mit roter Grütze

*Zubereitungszeit: 120 Minuten (3–4 Stunden Kühlzeit)*

## Zutaten für 4 Portionen

*Für die weiße Mousse*

**70 g** Eigelb
**35 g** Zucker
**1** Vanilleschote
**150 g** weiße Kuvertüre
**1½ Blatt** Gelatine
**300 ml** Sahne (steif geschlagen)

*Für den Baumkuchen*

**10** Eigelb
**100 g** Zucker
**100 g** Butter
**10** Eiweiß
**240 g** Mehl
Salz

*Für die rote Grütze*

**120 g** Zucker
**500 ml** Rotwein
**1** Zimtstange
**3** Sternanis
**1** Nelke
**20 g** Speisestärke
**300 g** TK-Beerenmix
Saft von **1** Zitrone
**300 g** frische Beeren

Karamellspiralen
*(siehe Seite 21)*
Schokoladenschlüssel
*(siehe Seite 17)*

## Zubereitung

Für die Mousse **Eigelbe** kräftig aufschlagen. **Zucker** mit 20 ml Wasser aufkochen, reduzieren, bis ein fester Sirup entsteht, und etwas abkühlen lassen. Die Zuckerlösung in dünnem Strahl unter die Eigelbe schlagen. Das Mark der **Vanilleschote** unterheben.

Die **Kuvertüre** über dem Wasserbad schmelzen. Gleichzeitig die **Gelatine** in kaltem Wasser einweichen, ausdrücken, im Topf auflösen und unter die Eigelbe ziehen. Dann die flüssige Kuvertüre mit den Eigelben vermischen und zum Schluss vorsichtig die geschlagene **Sahne** unterheben.

Für den Baumkuchenteig **Eigelbe** mit dem **Zucker** und der **Butter** schaumig schlagen, **Eiweiß** steif schlagen.*

Den Backofen auf 220 Grad Oberhitze vorheizen.

Nun abwechselnd etwas **Mehl** in die Eigelbmasse sieben und ein wenig Eiweiß unterheben, bis Mehl und Eiweiß verbraucht sind. Mit 1 Prise **Salz** verfeinern. Mit einer langen Palette einen Streifen Teig auf ein Backpapier streichen, diesen 1–2 Minuten im oberen Bereich des Backofens backen. Sobald der Teig goldgelb ist, das Backblech aus dem Ofen holen und eine weitere Schicht Teig auftragen – den Vorgang wiederholen, bis ein Baumkuchen mit etwa 20–25 Schichten entstanden ist. Auskühlen lassen und danach in Streifen schneiden. Mit diesen Streifen einen

*Fortsetzung auf den nächsten Seiten*

## Tipp

* Fügen Sie einige Tropfen kaltes Wasser zum Eiweiß hinzu. Auf diese Weise erhalten Sie ein schönes festes Eiweiß.

# Weiße Mousse mit roter Grütze
*(Fortsetzung)*

Rand in Metallringe à 7–9 cm stellen. Die Mousse in die Metallringe mit dem Baumkuchenrand gießen und im Kühlschrank fest werden lassen.

Den **Zucker** für die rote Grütze in einem Topf gleichmäßig verteilen und karamellisieren lassen. Sobald der Karamell eine goldgelbe Farbe hat, mit **Rotwein** ablöschen. **Zimt**, **Sternanis** und **Nelke** hinzufügen, alles einmal aufkochen, bis der Karamell wieder flüssig ist.

Die **Speisestärke** in 3 EL kaltem Wasser auflösen, in dünnem Strahl in die kochende Flüssigkeit gießen und die gewünschte Bindung herstellen.**

Den Topf vom Herd nehmen, die tiefgekühlten **Beeren** hineingeben, alles vorsichtig umrühren. Mit **Zitronensaft** und gegebenenfalls noch etwas Zucker abschmecken, abschließend die **frischen Beeren** unter die Grütze ziehen – aber nicht mehr umrühren!

## Anrichten

Setzen Sie eine Mousse mittig auf den Teller und verteilen Sie außen herum mit einem Löffel die rote Grütze. Mit **Karamellspiralen** und **Schokoschlüsseln** verwandeln Sie diese leckere Süßspeise in etwas Einzigartiges – probieren Sie es selbst!

## Tipp

** Der Grundfond muss zähflüssig, aber nicht klumpig wirken. Lassen Sie etwas Fond auf einen Teller laufen, um die gewünschte Konsistenz zu prüfen.

# Vanille-Quarkschaum mit Zwetschgenröster

Zwetschgen

Quark

Eiweiß

Sahne

Rotwein

Zitrone

Vanille

Sternanis

1

2

3

# Vanille-Quarkschaum mit Zwetschgenröster

*Zubereitungszeit: 60 Minuten*

## Zutaten für 4 Portionen

*Für den Vanille-Quarkschaum*

**250 g** Quark
Schale von ½ Zitrone
**125 g** Zucker
**1** Vanilleschote
**250 g** Eiweiß
**250 ml** Sahne (steif geschlagen)

*Für den Zwetschgenröster*

**100 g** Zucker
**50 g** Butter
**1** Zimtstange
**1** Sternanis
**500 g** Zwetschgen*
(halbiert, entsteint)
**50 ml** Rotwein
Zitronensaft

Wan-Tan-Segel
*(siehe Seite 39)*
Schokoladenornamente
*(siehe Seite 17)*
Hippenlöffel
*(siehe Seite 43)*

## Zubereitung

**Quark** mit **Zitronenschale** und **Zucker** glatt rühren. Das Mark der **Vanilleschote** mit dem Quark mischen. Das **Eiweiß** steif schlagen und mit einem Schneebesen unter den Quark heben. Anschließend die geschlagene **Sahne** unterziehen.

Nun ein großes Sieb mit einem Passiertuch auslegen und die Quarkmasse hineinfüllen. Unter das Sieb einen Topf oder ein anderes Gefäß stellen und alles über Nacht im Kühlschrank ruhen lassen.**

Für den Zwetschgenröster den **Zucker** mit der **Butter** karamellisieren lassen, **Zimt**, **Sternanis** und die halbierten **Zwetschgen** zufügen, kurz aufkochen und mit **Rotwein** ablöschen. Die Hitze reduzieren, den Zwetschgenröster mit **Zucker** und einigen Spritzern **Zitronensaft** abschmecken und gar ziehen lassen.

## Anrichten

Platzieren Sie als Erstes Zwetschgenröster in die Mitte von tiefen Tellern. Dann tauchen Sie einen großen Löffel in heißes Wasser, stechen jeweils eine Nocke aus dem Quarkschaum ab und setzen diese auf ein **Wan-Tan-Segel**. Schichten Sie den Quarkschaum zu einem Türmchen. Jetzt noch mit **Schokoladenornamenten** und **Hippen** verzieren – und der Genuss ist perfekt.

## Tipps

\* Die Zwetschgen sind gut, wenn sie noch ein wenig Biss haben.

\*\* Auf diese Weise fließt das Eiweiß aus dem Quarkschaum und sammelt sich in dem Auffanggefäß. Die Quarkmasse wird immer luftiger, je länger sie steht und je mehr Eiweiß aufgefangen wird.

Himbeeren

Sahne

Zucker

Kakao

Kuvertüre

# Himbeer-Parfait mit Schokoladensoße

# Himbeer-Parfait mit Schokoladensoße

*Zubereitungszeit: 55 Minuten (8 Stunden Gefrierzeit)*

## Zutaten für 4 Portionen

*Für das Himbeer-Parfait*

**2** Eigelb

**70 g** Zucker

**1 Blatt** Gelatine

**250 g** Himbeeren

**1** Eiweiß

**200 ml** steif geschlagene Sahne

*Für die Schokoladensoße*

**80 g** Zucker

**30 g** ungesüßtes Kakaopulver

**20 g** bittere Kuvertüre

Baumkuchen
*(siehe Seite 169)*

**etwas** gesüßter Speisequark

Zuckergebäck
*(siehe Seite 47)*

## Zubereitung

Die **Eigelbe** mit 60 g **Zucker** über dem Wasserbad cremig rühren.*

Die **Gelatine** in kaltem Wasser einweichen. 200 g **Himbeeren** mixen, 2 EL von dem Himbeerpüree abnehmen und erwärmen. Die Gelatine darin auflösen und unter die aufgeschlagenen Eigelbe ziehen. Das restliche Fruchtpüree unterheben.

Das **Eiweiß** mit dem restlichen **Zucker** zu einem glänzenden Schnee schlagen. Nacheinander Eiweiß und geschlagene **Sahne** unter die Parfait-masse heben. In kleine Förmchen gießen und 8 Stunden gefrieren lassen.

Für die Soße **Zucker** mit 120 ml **Wasser** aufkochen, den **Kakao** hineinsieben und auflösen. Den Topf vom Herd nehmen und die **Kuvertüre** in der heißen Flüssigkeit schmelzen.

## Tipp

* Machen Sie den Zweifingertest. Das Ergebnis ist perfekt, wenn sich feste Fäden ziehen lassen.

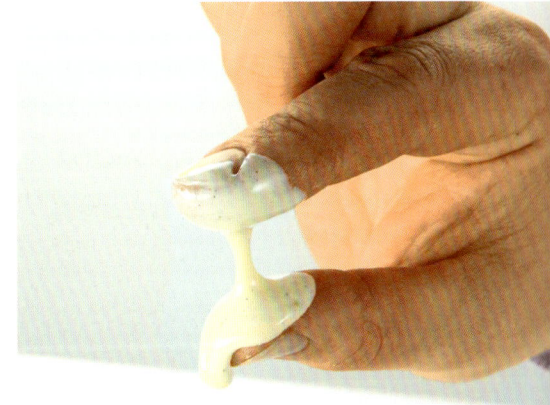

## Anrichten

Das Parfait 15 Minuten vor dem Servieren in den Kühlschrank stellen. Damit sich die Parfaits besser aus den Förmchen lösen, tauchen Sie diese kurz in heißes Wasser und lösen sie am Rand vorsichtig mit einem Messer. Setzen Sie die Parfaits auf Teller.**

Legen Sie die restlichen Himbeeren auf einen **Baumkuchenstreifen** – mit der Öffnung nach oben. Zum Fixieren spritzen Sie jeweils etwas **Speisequark** auf den Baumkuchen. Ziehen Sie dann mit einem Löffel die Schokoladensoße um das Parfait und krönen Sie das Dessert mit einem **Zuckergebäck**. Sie werden es schmecken: Diese süße Verführung ist nicht nur für das Auge ein Genuss!

## Tipp

** Damit die Parfaits nicht wegrutschen, können Sie ein paar Keks- oder Biskuitbrösel auf die Stelle streuen, auf der sie platziert werden sollen.

# Pochierte Birne mit Vanilleeis

Birnen
Rotwein
Zimt
Sternanis
Hippenwaffeln
Vanilleeis

1

2

3

4

5

6

# Pochierte Birne mit Vanilleeis

*Zubereitungszeit: 75 Minuten (12 Stunden Ziehzeit)*

## Zutaten für 4 Portionen

**4** Birnen
**750 ml** Rotwein
**100 g** Zucker
**1** Zimtstange
**3** Sternanis
**2** Zitronenscheiben

Puderzucker
(zum Dekorieren)
Kakaopulver
(zum Dekorieren)

**4** Hippenwaffeln
*(Rezept Seite 43, zum Formen Seite 41 )*

**250 g** Vanilleeis
Minze

## Zubereitung

Die Schale der **Birnen** mit einem Messer der Länge nach einschneiden, anschließend in gleichen Abständen rundherum einschneiden. Nun jeweils nur jedes zweite Feld schälen, sodass ein Schachbrettmuster auf der Birne entsteht. Mit einem Ausstecher das Kerngehäuse entfernen und die Birne am Blütenansatz flach schneiden, damit sie später steht.

Den **Wein** mit den **restlichen Zutaten** aufkochen, Birnen hineinlegen, 10 Minuten leicht köcheln und anschließend 12 Stunden darin ziehen lassen.*

## Anrichten

Für eine einzigartige Inszenierung bestäuben Sie – mithilfe einer Schablone – mit **Puderzucker** und **Kakao** ein Schachbrettmuster auf einen Teller und richten Sie die pochierte Birne darauf an. Füllen Sie eine süße **Hippe** mit **Vanilleeis** und legen Sie diese zur Birne.**

## Tipps

* Wählen Sie dafür am besten einen kleinen Topf, damit die Birnen vollständig mit Flüssigkeit bedeckt sind. Stechen Sie gegen Ende der Kochzeit mit einer Metallnadel oder einem kleinen Messer in die Früchte – gelingt das ohne großen Widerstand, sind die Birnen gar.

** Die Hippen können Sie übrigens schon einige Stunden vorher mit Eis füllen und bis zum Servieren im Tiefkühler aufbewahren. Das schenkt Ihnen in den entscheidenden Momenten viel Zeit – Zeit zum Genießen.

# Erdbeer-Tiramisu

Erdbeeren
Löffelbiskuit
Sahne
Orangensaft
Grand Marnier
Vanille

# Erdbeer-Tiramisu

*Zubereitungszeit: 60 Minuten (4–5 Stunden Kühlzeit)*

## Zutaten für 4 Portionen

**400 ml** Orangensaft
**50 ml** Grand Marnier
**500 g** Erdbeeren
**1** Vanilleschote
**4 Blatt** Gelatine
**3** Eigelb
**150 g** Zucker
**3** Eiweiß
**375 ml** Schlagsahne
**300 g** Löffelbiskuits

ungesüßtes Kakaopulver
(zum Dekorieren)

## Zubereitung

Den **Orangensaft** aufkochen, auf die Hälfte reduzieren und vollständig auskühlen lassen. Nun den **Grand Marnier** hinzufügen.

Die **Erdbeeren** waschen und putzen. Die Früchte gut abtropfen lassen und mit dem Mark der **Vanilleschote** sehr fein pürieren.

**Gelatine** in kaltem Wasser einweichen. Inzwischen die **Eigelbe** mit 75 g **Zucker** über dem Wasserbad cremig rühren und das **Eiweiß** mit 75 g **Zucker** steif schlagen, bis es fest ist und glänzt.*

Gelatine ausdrücken und in einem Topf mit 4 EL Erdbeerpüree auflösen. Das restliche Püree unter die cremige Eigelbmasse heben und in dünnem Strahl die Gelatine einrühren, dann das Eiweiß und abschließend die steif geschlagene **Sahne** unterheben.**

Den Boden einer ca. 35 x 25 cm großen Auflaufform mit **Löffelbiskuits** auslegen, diese mit Orangensaft tränken und darauf eine ca. 1 cm dicke Schicht Erdbeercreme auftragen.***

## Tipps

* Das gelingt Ihnen am besten, wenn Sie beim Steifschlagen den Zucker nicht auf einmal, sondern löffelweise zum Eiweiß hinzufügen.

** Rühren Sie dabei nicht zu viel, denn die Masse verliert sonst an Volumen.

*** Am einfachsten geht das mit einer Winkelpalette, denn damit können Sie die Creme auch in den Ecken gleichmäßig verteilen. Sollten Sie jedoch keine haben, tut es natürlich auch ein Löffel.

## Anrichten

Bestreuen Sie das Erdbeer-Tiramisu mit **Kakaopulver**. Für das Schneiden der Tiramisu-Stücke eignet sich eine Winkelpalette hervorragend – anschließend das Tiramisu auf Teller verteilen. Für den vollkommenen Genuss noch mit frischen **Erdbeeren** verzieren, servieren – schlemmen und genießen.

# Gewusst-wie

**Damit beim Nachkochen nichts schiefgeht, hier noch einige allgemeine Hinweise:**

Werden Eier für das Gericht benötigt, kaufen Sie Eier der Größe M.

Die Zeitangaben in den Rezepten sollen Ihnen helfen, den Arbeitsaufwand möglichst gut einzuschätzen.

Schalten Sie den Backofen immer 10–20 Minuten vor dem tatsächlichen Gebrauch ein.

Schmecken Sie Speisen doppelt ab: einmal während der Zubereitung und nochmals kurz vor dem Servieren.

# Die Küchenausstattung

Mit den richtigen Geräten und Utensilien geht das Arbeiten in der Küche schneller und leichter von der Hand. Prinzipiell gilt: Geräte für die Küche sollten einfach zu benutzen, leicht zu reinigen und hochwertig verarbeitet sein. Generell sollten Sie unbedingt auf Qualität setzen, denn gutes Küchenwerkzeug ist zum einen länger haltbar, zum anderen lässt sich besser damit arbeiten.

## Grundausstattung Messer

An erster Stelle stehen gute Messer. Sie benötigen in jedem Fall ein Gemüsemesser, ein Filetiermesser, ein großes Kochmesser und ein Sägemesser. Auch eine solide Küchenschere darf nicht fehlen.

## Grundausstattung Töpfe und Pfannen

Zur Grundausstattung gehören ein kleiner Topf oder ein Stieltopf für Soßen und Reis, ein mittelgroßer Topf für Gemüse und Fleisch sowie ein großer Topf zum Kochen von Nudeln und Suppen. Eine beschichtete Pfanne mit Deckel und eine schwere Pfanne mit ofenfestem Griff runden das Basis-Topfsortiment ab.

## Nützliche Küchenhelfer

Große und kleine Schüsseln, Schneidebretter, Kochlöffel, Sparschäler, verschiedene Siebe, Hobel, Reiben und Raspeln, Paletten und Fleischgabeln, Tartelleteformen, Eisportionierer und Kugelausstecher, Küchenzange, Schneebesen, Schaumlöffel, Schöpfkelle, Bratenwender, Pfannenheber, Kartoffel- oder Knoblauchpresse, Spritzbeutel mit Stern- und Lochtüllen, Pürierstab, Mixer, Nudelmaschine und Bratenthermometer sind Küchenhilfen, die das Kochen, Braten und Backen erleichtern, beschleunigen und verbessern.

## Zeitmanagement

Wenn Stars im Fernsehen kochen, sieht alles spielerisch einfach aus: Ohne viel Aufhebens werden selbst die seltensten Zutaten besorgt, die Küche erinnert nie an ein Schlachtfeld, jedes Gericht ist zum richtigen Zeitpunkt fertig, noch warm und sieht zum Losschlemmen lecker aus. Und Ihre eigene Erfahrung? Wie oft ist es Ihnen passiert, dass die Beilage schon ziemlich verkocht, während der Rest noch nicht einmal warm ist? Oder Ihre Gäste warten sehnsüchtig auf den nächsten Gang – und Ihnen fällt das Soufflé zusammen oder das Fleisch brennt an?

Zeitmanagement ist hier das Zauberwort. Machen Sie es wie ein Chefkoch: Bereiten Sie sich gut vor. Und passen Sie Ihre Auswahl den Gegebenheiten an: Ein Fünf-Gänge-Menü erfreut zwar die Gäste, erschöpft aber den Gastgeber. Gehen Sie im Kopf die Gerichte durch und prüfen Sie, ob Sie genügend Töpfe und Pfannen für Ihre Arbeitsabläufe haben. Kreieren Sie deshalb am besten Menüs, bei denen nicht jeder Gang warm serviert wird. Suchen Sie teilweise Rezepte aus, die Sie schon einmal ausprobiert haben, achten Sie bei der Zusammenstellung des Menüs auf Schwierigkeitsgrad, Garzeiten und -verfahren. Und kochen Sie so weit wie nur möglich vor.

## Der Einkauf

Der nächste Schritt zu einem optimalen Zeitmanagement: der Einkauf. Planen Sie ein paar Tage vorher und überprüfen Sie frühzeitig, welche Zutaten noch vorrätig sind. Schreiben Sie eine Liste mit den Dingen, die Sie noch benötigen. Die meisten Zutaten werden Sie in einem gut sortierten Supermarkt bekommen. Exotische Kräuter, spezielle Gemüsesorten oder Gewürze am besten schon einen Tag vorher kaufen – so sparen Sie Wege und Zeit und können auch noch umdisponieren oder Alternativen recherchieren, sollten ungewöhnlichere Zutaten einmal nicht erhältlich sein.

Kaufen Sie passende Mengen ein: Viele Lebensmittel müssen kühl gelagert werden und die Kapazität eines Kühlschranks ist schnell ausgeschöpft. Achten Sie dabei auf Frische: Nehmen Sie die Produkte ruhig in die Hand, fühlen, tasten, riechen Sie daran – das gehört zum Einkaufen einfach dazu. Lassen Sie sich, wenn Sie unsicher sind, beraten.

Gut und kreativ kochen heißt, sich auch einmal vom Rezept zu lösen. Verzweifeln Sie nicht, wenn Ihnen mal eine Zutat fehlt: Gibt es keine Minze, ersetzen Sie sie durch Melisse. Sieht der Lollo rosso in der Kühltheke schlapp und welk aus, wählen Sie eine andere Salatsorte. Ist ein saftiges Rinderfilet im Angebot, ziehen Sie es der im Rezept angegebenen Hüfte vor. Ihr Metzger wird Ihnen dabei helfen, eine passende Alternative zu finden. Kurz: Verändern, verfeinern oder vereinfachen Sie die Gerichte, die ich Ihnen vorschlage, und probieren Sie immer neue Varianten aus.

Diese Basics sollten Sie im besten Fall immer haben:
Butter und Butterschmalz, Cayennepfeffer, Curry, Eier, mehrere Essigsorten, Gelatine, frische Kräuter, Lorbeerblätter, Mehl, Muskatnuss, Nelken, verschiedene Öle, Paprika, Pfefferkörner, Pimentkörner, Puderzucker, Tomatenmark, Salz und grobes Meersalz, scharfen und süßen Senf, Speisestärke, Vanilleschoten, Wacholderbeeren, weißen und braunen Zucker.

## Beim Kochen

Kochen in der eigenen Küche macht Spaß – wenn nur nicht immer dieser Wirrwarr von Töpfen, Schüsseln und anderen Kochutensilien wäre. Wie schaffen es Spitzenköche bloß, da den Überblick zu behalten? Ein Grund: Ein Kochteam in der Gastronomie funktioniert wie ein Schweizer Uhrwerk. Jeder hat seine Aufgabe. Sie jedoch stellen sich allein der Herausforderung. Hier hilft nur die richtige Vorbereitung.

Arbeiten Sie sich am besten schrittweise zum fertigen Gericht vor: Organisieren Sie Ihre Küche – alles muss griffbereit sein, dann geht Ihnen das Kochen leichter von der Hand. Lesen Sie sich die Rezepte als Erstes gut durch, um einen Überblick zu erhalten. Wiegen Sie die benötigten Zutaten in Schüsseln ab. Legen Sie gefrorene Lebensmittel rechtzeitig zum Auftauen in den Kühlschrank und stellen Sie Küchenutensilien und benötigte Gewürze bereit. Bevor Sie mit dem Kochen beginnen: Deko-Kräuter zupfen, Schnittlauch schneiden und Petersilie hacken, Nahrungsmittel wie Obst oder Gemüse waschen, putzen und schneiden. Hier können Sie beispielsweise auch Zeit und Arbeitsaufwand sparen: Wozu Tomaten waschen, wenn sie anschließend blanchiert und gehäutet werden? Führen Sie Schneidearbeiten immer im Fluss aus: Schälen Sie beispielsweise alle für das Menü nötigen Zwiebeln und schneiden sie diese anschließend.

Führen Sie zeitaufwendige Zubereitungen zuerst aus. Bedenken Sie bei Ihrer Planung, dass allein das Frieren eines Parfaits einige Stunden in Anspruch nimmt. Auch das Blanchieren, Braten und Sautieren muss bereits im Vorfeld geschehen, nur so kann ein reibungsloses Kochen bzw. Erwärmen der Speisen funktionieren.

Entzerren Sie die Kochprozesse, indem Sie alle Geräte in Ihrer Küche einsetzen – auch die Mikrowelle. Auch Profis erwärmen damit Gemüse und Pürees. Braten Sie das Filet vor dem Eintreffen der Gäste in der Pfanne und lassen es im Ofen gar ziehen, sobald diese da sind. Dadurch bleiben die Herdplatten für Pasta, Soßen und Co. frei.

Durch Garzeiten entstehende Zeitfenster sind übrigens ideal zum Abspülen und Aufräumen der Küche. So fällt auch die Frage „Und wer räumt heute die Küche auf?" nach dem Essen weg.

## Beim Anrichten

Erwärmen Sie die Teller (zum Beispiel bei 70 Grad im Backofen oder in der Mikrowelle), um ein zu schnelles Abkühlen der Speisen zu verhindern. Wählen Sie geeignete Teller, Platten und Gläser aus, mit denen Sie Ihr Menü wirkungsvoll präsentieren können. Räumen Sie die Arbeitsflächen leer, reihen und stapeln Sie Teller auf der Arbeitsplatte, bevor Sie mit dem Anrichten beginnen.

Arbeiten Sie wie in einer Fabrik: Legen Sie zuerst Gemüse auf mehrere Teller, dann die Sättigungsbeilage und Fleisch. Benutzen Sie große Löffel zum Auflegen von Gemüse und breite Paletten für Fisch und Fleisch. Das Aufbringen der Soße ist der letzte Arbeitsschritt, weil diese schnell auskühlt. Diese Fließbandmethode spart viele unnötige Handgriffe und vor allem wertvolle Zeit. Scheuen Sie sich nicht davor, einen Gast um Hilfe zu bitten und lassen Sie ihn das Fleisch platzieren, während Sie die Soße aufschäumen.

## Das passende Geschirr

Nach der (Koch-)Pflicht kommt die Kür auf dem Teller – und das Auge isst bekanntlich mit. Deshalb hat die Wahl des Geschirrs einen nicht zu unterschätzenden Einfluss auf die Optik Ihres Menüs.

Benutzen Sie große Teller, denn schönes Essen braucht Raum zum Entfalten. „Normale" Essteller haben nur eine Standardgröße von 26 bis 28 Zentimetern, im Restaurant dagegen sind 30 oder 32 Zentimeter üblich. Dieser kleine Unterschied hat eine große Wirkung: Die Speisen können mehr Platz einnehmen, übersichtlich und kunstvoll angerichtet werden, erscheinen edel, elegant und stilvoll – sind nicht nur Gaumen-, sondern auch Augenschmaus.

Natürlich müssen Sie nun nicht Ihr komplettes Essgeschirr entsorgen oder um ein neues Set ergänzen! Passen Sie die Portionsgrößen einfach entsprechend an: Servieren Sie etwas weniger Püree, platzieren Sie zwei, drei Möhren weniger und nur ein Stück Fisch anstatt drei. Alternativ können Sie von vornherein kleinere Portionen zubereiten und Beilagen, Soße und Fleisch einzeln in Schüsseln dazureichen.

Speisen auf Tellern zu servieren ist die klassische Variante. Viele Gerichte wie Fingerfood, Snacks, Shots und Cappuccino-Suppen sprühen jedoch geradezu vor Charme, Esprit und Kreativität. Unterstützen Sie diese Eigenschaften, indem Sie wie die Profis unkonventionelle Präsentationsmöglichkeiten wählen: Servieren Sie beispielsweise eine Suppe in einem Champagner- oder Reagenzglas oder in einer Kaffeetasse und Fingerfood auf Gabeln und Löffeln.

## Sie haben unzählige Möglichkeiten – probieren Sie einfach immer wieder etwas Neues aus!

# Index

# In dieser Reihe sind bisher erschienen ...

Kalte Küche

Warme Küche

Party

**... und für unsere Kleinsten**

Desserts

Salate

Gourmini

## Impressum

Originalausgabe Becker Joest Volk Verlag
© 2010 — alle Rechte vorbehalten
3. Auflage Mai 2013
**ISBN 978-3-938100-58-5**

Rezepte, Foodstyling  Rafael Pranschke
Text  Doreen Köstler
Food-Fotografie  Hubertus Schüler
Step-Fotografie  Raphael Schmitz
Fotoassistenz  Silvia Bagh
Layout, typografische Gestaltung
Dipl.-Des. Justyna Krzyzanowska
für Makro Chroma Joest & Volk OHG,
Werbeagentur, Hilden
Satz, Bildbearbeitung, Lithografie
Makro Chroma Joest & Volk OHG,
Werbeagentur, Hilden
Lektorat  Dr. Stephanie Kloster
Druck  Firmengruppe APPL, aprinta druck GmbH,
Wemding, Deutschland

Praktisch: Die Einkaufslisten zu den Rezepten
aus diesem Buch können Sie unter
www.bjvv.de/mengenrechner_kalt.aspx
für die gewünschte Personenzahl berechnen und
für Ihren Einkauf ausdrucken.

## Widmung

Ich widme dieses Buch meiner Frau Melanie für
ihre jahrelange Unterstützung, ihr Vertrauen und
ihr maßgebendes Urteilsvermögen. Sie ist für
mich – mit unseren beiden Kindern Lia und
Gabriel – die größte Inspirationsquelle.

## Dank

Ein besonderer Dank gilt Hubertus Schüler, der
diesen Rezepten mit seiner Art der Fotografie
Leben eingehaucht hat, und Doreen Köstler, die
meine Entwürfe und Ideen zu vollendeten Texten
verfasste. Raphael Schmitz und Silvia Bagh für
ihren ambitionierten Einsatz bei diesem Projekt,
einfach super!

Ebenfalls ein großes Dankeschön an Ralf Joest
für die Idee zu diesem Buch und an Justyna
Krzyzanowska für ihre hervorragende Designer-
Arbeit sowie an das gesamte Team vom Becker
Joest Volk Verlag.

Der Becker Joest Volk Verlag dankt Ilona und Michael Bohschke von
*Bohschke Wohnaccessoires*, Hilden, für die freundliche Unterstützung
bei der Porzellanausstattung. Geschirr und Glas stammen
größtenteils von *Dibbern*. Bezugsquelle: www.bohschke.de.

Vielen Dank für die exzellenten Messer der *Fa. Franz Güde* aus
Solingen. Die Step-Fotos wurden mit Messern der Serie *Alpha Birne*
fotografiert. Bezugsquelle: www.guede-solingen.de.

Die Step-Fotos wurden auf einem genialen Schneidebrett von
*unicate* fotografiert. Vielen Dank an Matthias Attelmann.
Bezugsquelle: www.unicate-holz.de.